古典文獻研究輯刊

三九編

潘美月・杜潔祥 主編

第43冊

清代淄博詩集六種（上）

尹勇力、鍾雲瑞 輯校

國家圖書館出版品預行編目資料

清代淄博詩集六種（上）／尹勇力、鍾雲瑞 輯校 -- 初版 --
新北市：花木蘭文化事業有限公司，2024〔民113〕
目 58+162 面；19×26 公分
（古典文獻研究輯刊 三九編；第 43 冊）
ISBN 978-626-344-963-3（精裝）
1.CST：清代詩 2.CST：山東省淄博市
011.08   113009889

ISBN-978-626-344-963-3

古典文獻研究輯刊
三九編　第四三冊　　　　　ISBN：978-626-344-963-3

清代淄博詩集六種(上)

作　　者　尹勇力、鍾雲瑞（輯校）
主　　編　潘美月、杜潔祥
總 編 輯　杜潔祥
副總編輯　楊嘉樂
編輯主任　許郁翎
編　　輯　潘玟靜、蔡正宣　美術編輯　陳逸婷
出　　版　花木蘭文化事業有限公司
發 行 人　高小娟
聯絡地址　235 新北市中和區中安街七二號十三樓
　　　　　電話：02-2923-1455／傳真：02-2923-1452
網　　址　http://www.huamulan.tw 信箱 service@huamulans.com
印　　刷　普羅文化出版廣告事業
初　　版　2024 年 9 月
定　　價　三九編 65 冊（精裝）新台幣 175,000 元　　版權所有 • 請勿翻印

清代淄博詩集六種（上）

尹勇力、鍾雲瑞 輯校

作者簡介

尹勇力,男,1999 年生,山東淄博人。山東理工大學文學與新聞傳播學院碩士研究生,研究方向為古代文學。

鍾雲瑞,男,1990 年生,山東壽光人。山東理工大學文學與新聞傳播學院副教授,碩士生導師,山東省高校青年創新團隊帶頭人。山東大學儒學高等研究院中國古典文獻學博士,師從許嘉璐先生、杜澤遜教授。主持國家社科基金項目、教育部人文社科青年項目、全國高校古委會項目。發表核心期刊論文五篇,出版專著一部,整理古籍十餘部。

提　　要

《清代淄博詩集六種》是清代山東淄博地區文人詩集的彙編,包括新城傅辰《伍硯堂集》七卷、《轅轍吟》一卷,淄川袁藩《敦好堂詩集》四卷《詩餘》一卷,淄川張廷敘《香雪園重訂詩》十一卷,新城于桂秀《無夢軒稿》一卷,淄川王佳賓《蒼雪齋稿》一卷。

傅辰《伍硯堂集》包括《瀆槻堂近詩》一卷、《燕南日征草》一卷、《瀆槻堂集唐》一卷、《落花詩》一卷、《瀆槻堂詩》一卷、《伍硯堂近詩美芹》一卷、《柳枝詞》一卷。《瀆槻堂近詩》、《燕南日征草》、《瀆槻堂集唐》、《落花詩》,以《四庫未收書輯刊》清順治《瀆槻堂四種》刻本為底本,以山東省圖書館藏清鈔本《伍硯堂集》為參校本;《瀆槻堂詩》、《伍硯堂近詩美芹》、《柳枝詞》,以清鈔本為底本。

傅辰《轅轍吟》一卷,以山東省圖書館藏清鈔本《轅轍吟》為底本,以山東省圖書館藏稿本《話雨山房詩草》為參校本,兩書重複詩歌八十首,今依清鈔本《轅轍吟》,將稿本《話雨山房詩草》重複者刪去不錄。

袁藩《敦好堂詩集》四卷(卷一至卷三、卷六)、《詩餘》一卷,藏山東省圖書館。此次點校整理,以山東省圖書館藏清三十六硯居鈔本為底本。

張廷敘《香雪園重訂詩》,稿本,山東省圖書館藏。此次整理以山東省圖書館藏清稿本為底本。詩集原注均以腳注形式呈現。

于桂秀《無夢軒稿》一卷,清代淄川王佳賓鈔本,山東省圖書館藏。此次點校整理,以山東省圖書館藏清淄川王佳賓鈔本為底本。

王佳賓《蒼雪齋稿》,以山東省圖書館藏清稿本為底本。

本書為山東省高等學校青年創新團隊
「出土文獻與中國早期文化研究創新團隊」
（編號：2022RW059）階段性成果

目
次

整理說明

　　《清代淄博詩集六種》是清代山東淄博地區文人詩集的彙編，包括新城傅宸《伍硯堂集》七卷、《轅轍吟》一卷，淄川袁藩《敦好堂詩集》四卷《詩餘》一卷，淄川張廷敘《香雪園重訂詩》十一卷，新城于桂秀《無夢軒稿》一卷，淄川王佳賓《蒼雪齋稿》一卷。

　　目前學界對地域文學研究方興未艾，在諸多方面體現出價值和意義，一是有利於彰顯地域文學自身的優勢特色，二是有利於展示區域的歷史傳統、民俗風情和文化底蘊，三是有利於推動區域文學與中國傳統文學研究。中國傳統文學地域性研究，直接作用於人文學科的發展和學術創新，促進區域的文化繁榮、經濟發展和社會進步。

　　清代淄博籍貫文人在詩文創作方面展現出蓬勃的生機，創作出大量詩文作品，極大豐富了清代山左學術。傅宸、袁藩、張廷敘、于桂秀、王佳賓諸人皆有詩集傳世，可惜尚未受到學界關注，其詩集未曾整理問世，相關研究成果亦是付諸闕如。此次匯輯整理《清代淄博詩集六種》，既有整理國故、接續前賢的傳統意義，也是深入挖掘傳統文化精粹、彰顯時代價值的必然需要。因此，整理、研究清代淄博詩集具有多方面的意義。

　　第一，文化遺產保護與傳承。清代淄博地區的詩集是該地區歷史文化的重要載體，整理研究這些詩集有助於保護和傳承地方文化遺產。通過對這些文獻的整理和研究，可以揭示清代淄博地區的社會生活、文化習俗、歷史事件以及地方風貌等多方面信息，為後人瞭解和研究該地區的歷史文化提供直接的史料依據。

　　第二，地方文學發展研究。清代淄博詩集反映了該地區文學發展的特色和成就。研究這些詩集可以幫助我們理解清代淄博文學的風格、主題、流派及其演變過程，進而豐富對中國古代文學地域性和多樣性認識的理解。

　　第三，歷史人物與思想研究。清代淄博詩集中包含了當地文人學者的思想觀念、人生觀和價值觀。通過對這些詩文的解讀，可以深入探究作者的思想世界，揭示其在哲學、政治、道德等方面的見解，這對於理解清代知識分子的思想動態和社會思潮具有重要價值。

　　第四，地方社會歷史研究。詩集往往融入了作者對當時社會現實的觀察和反映。清代淄博詩集記錄了當地的經濟狀況、民俗風情、宗教信仰、教育狀況以及重大歷史事件的影響等，這些內容為研究清代淄博的社會歷史提供了獨特的視角和資料。

　　第五，比較文學與文化交流研究。清代淄博詩集不僅體現了地方文學的特點，也反映了與其他地區乃至全國文學的交流和影響。通過比較研究，可以探討不同地域文學之間的互動關係，以及淄博文學在清代全國文學格局中的地位和作用。

　　總的來說，清代淄博詩集的整理研究，對於挖掘和弘揚地方文化，深化對中國古代文學和歷史的理解，促進文化交流和傳承，都具有重要的學術價值和現實意義。

鍾雲瑞

二〇二四年元月十日於山東理工大學

伍硯堂集七卷

〔清〕新城傳展撰

點校說明

　　傅扆（1614～1684），字蘭生，一字彤臣，號麗農，清代山東新城（今山東桓臺縣）人。順治十二年（1655）進士，歷任河間府推官、監察御史。順治十八年（1661）乞養歸。康熙十八年（1679）舉博學鴻儒，不遇。卒年七十一。傅扆博聞強記，善作詩詞。王士禛贊其「博雅能詩，為詞曲亦有致」。著有《伍硯堂集》《話雨山房詩草》《轅轍吟》等並傳於世。存世傳本中以《伍硯堂集》收詩最多，集中體現出傅扆詩歌的創作理念和成就。

　　《伍硯堂集》今有山東省圖書館藏清鈔本，《山東文獻集成》據此影印，題作「伍硯堂集六卷」。據該版本「伍硯堂集總目」，共計六十四卷，惜傅扆「身後著述散佚」，目前僅餘七卷。該本首卷《瀆槐堂近詩》在《壽胡太老夫人》一詩後注有「此頁後原有兩頁空白」字樣。《四庫未收書輯刊》收有清順治《瀆槐堂四種》刻本，通過對校後發現，清鈔本所缺兩頁正為《燕南日征草》一卷卷題及此卷前四首詩作。因缺失卷題，清鈔本誤將兩卷合為一卷，而《山東文獻集成》題為《伍硯堂集六卷》。《伍硯堂集》包括《瀆槐堂近詩》一卷、《燕南日征草》一卷、《瀆槐堂集唐》一卷、《落花詩》一卷、《瀆槐堂詩》一卷、《伍硯堂近詩美芹》一卷、《柳枝詞》一卷。其詩體裁豐富，內容上涉及詠史懷古、交遊應酬、田園風光、感時傷世等，風格多樣。其部分佳作能反映現實，如《鄭州有感》：「百雉金湯已渺然，祇餘四野抱清泉。虔劉毒後居人少，敝灶平沉萬戶煙。」詩中如實反映了明末清初戰亂後，北方繁華城市變為廢墟的場景，動人心魄。此外，傅扆寫詩好注，即便是尋常事，亦要詳加注釋，以防張冠李戴，傳為笑端。如《陽信邸中》詩題下注：「陽信，即古厭次。東方朔，厭次人，此地也。」又如《仲春侍董中丞沿城觀柳》其二詩末注：「甘棠用王敬則事，非《國風》蔽芾章中語也。」

此次整理,《漬槻堂近詩》、《燕南日征草》、《漬槻堂集唐》、《落花詩》,以清順治《漬槻堂四種》刻本為底本,以山東省圖書館藏清鈔本《伍硯堂集》為參校本;《漬槻堂詩》、《伍硯堂近詩美芹》、《柳枝詞》,以清鈔本為底本。凡底本中的訛脱倒衍,以腳注加案語的形式皆出校記,異體字、避諱字徑改回本字,不再出校。限於學識,書中的錯誤在所難免,還請方家批評指正。

尹勇力
二〇二四年元旦於山東理工大學

詩　序

　　詩必才而滯絕，必學而根深。才合其志，學充其情，而音韻由之以正以變。夫詩猶人身之呼噏，水上之淪漪也。一氣吐納，幾非在我，〔註1〕一泓宛轉，天然相遭。孰能代喉鼻以息吹，柝水風而蕩漾乎？故昔人評詩，雕繪滿眼不如初日芙蓉，則誠躍矣，而實不可為。枯腸儉腹，人藉口也。世人論詩，不好言元亮平淡，則好言滄浪別解別趣甚且高。言聖、言仙、言禪，謂捨是數大家，不足為吾師承。設使人以潘、陸、沈、宋、錢、劉、元、白、溫、李諸子擬之，必且艴於色，怒於言，謂秦、晉匹也，奈何卑我。嗟乎！今之口哆二三家者，〔註2〕予亦略見其概矣。苟才氣萎弱，胸無原本，即效顰田父兒女子之歌咢，掇拾少陵諸公以下之殘瀋，正者為俚為率，變者為纖為誚，安在其能發攄情志也？予友傅子彤臣，負俶倘非常之才，斟酌百代，體備風雅，則全乎其才與學，而情志無一不應焉者也。夫學詩，〔註3〕舊盛於濟南，至今與北地信陽並尊不祧，謂其能鼓吹六義，〔註4〕與三百篇近也。彤臣亦產濟南，乃其神思清舉，逸興飆流，又若拍肩于鱗先生而上之。然則泱泱大風，為古延陵子所歎馘者，真無地無時不足人觀聽也耶？即讀其集中《長安紀盛》客中諸詠與《落花》《秋柳》《秋興》等什，皆能收攝萬籟，不攻虛響，呼噏自如，淪漪成態。至其集唐百首，裁芰剪蓉，宛然屈子，填詞一帙，穿雲裂石，不數稼軒。他如古文四六，靡不弘深演迤，嚼徵含宮，良由彤臣之績學日久，不專一家，而眾家之理皆匯詩文若此，予惡得而窺其涯量也。彤臣向理瀛海郡，人競誦為神明。迨公

〔註1〕幾，清鈔本作「機」。
〔註2〕之，清鈔本無。
〔註3〕學詩，清鈔本作「詩學」。
〔註4〕義，清鈔本作「藝」。

餘之暇，四聲不輟，政治文章，焯如也。茲且揚扢朝廟，不則採編謠俗，風穆
如而音肆好，計當有更進於平生與理瀛海之日者，予愧不能盡心於詩，而幸得
為同官。陶公有言：「安得素心人，相與數晨夕。」捨吾彤臣，其誰與歸？

　　順治己亥年孟夏月晴川年社盟弟顧如華西巘父拜題。

伍硯堂集總目

疏草一卷　　賦一卷
碑誌一卷　　瀛海詩一卷
賀文一卷　　燕居詩一卷
祝文一卷　　柏臺詩一卷
表啟一卷　　于役詩一卷
書札一卷　　南遊詩一卷
祭文一卷　　集唐詩一卷
雜文一卷　　落花詩一卷
詩餘三卷　　家居詩三卷
詩話二卷　　美芹詩一卷
度曲二卷　　自序文一卷
對聯一卷　　閫德文一卷
募緣文一卷　　史記評一卷
漢書評一卷　　巡方疏一卷
名公集序一卷　　硯田漫筆四卷
新城軼事一卷　　硯田續筆二卷
傅姓博考一卷　　讀書涉筆二卷
韻府補遺六卷　　姓譜增補十卷
百家唐詩評一卷　　唐人選唐詩評一卷
堯山堂外紀增訂一卷
共計六十四卷

漬槻堂近詩

東國傅宸彤臣著

同里王士祿西樵訂

長安紀盛十首

夙操柔翰,適際清時,不能發揚鴻藻,徒以靡詞獻諛,為罪滋大矣。然炎漢之隆,因遷、固而彌著;有唐之業,得盧、駱而益彰。凡處臣子之位,揚厲本朝,亦效忠之一端也,矧當君聖臣良,豫大豐亨之會乎?於是不揣固陋,作紀盛詩十章,語謝寒酸,體歸正大,非無藻麗,要全風雅之遺;亦有尖新,恐失渾噩之舊。列之於左,俟采風者取鏡焉。

其一

日月光昭麗九天,應皋雙闕護雲煙。貂蟬鳴玉勤蹌濟,熊虎趨朝競後先。周召經營期億萬,夷夔禮樂紀三千。紫芝朱雁呈佳頌,新拜殊恩漢殿前。

其二

飛虹繞電發嘉祥,天妹當年四大邦。坤德群瞻同覆載,女中今復見虞唐。葛覃有美紹前緒,瓜瓞開基嗣克昌。如阜如山仙籙永,瑤池從此慶方長。

其三

長河曲折繞桑乾,紫氣如雲馬上看。玉水東連滄海闊,鳳樓西接大房寒。胤繁彌切螽斯頌,德盛無煩獬豸彈。聖主勵精勤視政,彤墀五夜立千官。

其四

宜春宣曲綠初齊,十里鶯花錦覆堤。庭炬明時三殿曉,篋詩落處五雲低。紫宸劍佩集金馬,丹篆風雷斷古螭。宮寢幾番勞問夜,蠅聲誤認作鳴雞。

其五

每從仁愛見天心，上下情通化釜鬵。衢室服車酬輯玉，明堂禋祀煥泥金。賢臣一德稱無黨，嘉禮繁多慶有林。咸五登三隆至治，自令率土戴高深。

其六

珠聯東壁映瑤光，儒術修明道以彰。蔡閣較訛多子政，石書垂訓有中郎。江河行地弘綱紀，日月經天待表章。盛世雄文宗六藝，應無俳詭賦長楊。

其七

捷書馳報下昆明，強理功成頌靡爭。〔註1〕灶介無波驚海若，泰階有象兆升平。兜鍪腹貯五千卷，節鉞胸藏十萬兵。設險不煩稱四塞，虎臣林立盡長城。

其八

十分春色滿皇州，賜酺金吾夜不收。一帶連雲羅甲帳，千群如錦逞驊騮。璿霄日麗麒麟閣，銀漢風清鳷鵲樓。濟濟功臣同漢傑，酬勳列爵盡通侯。

其九

招遠何勞麟虎符，向風臣妾盡斯榆。條枝錯趾盈三輔，窮髮懷琛徧五都。博望乘槎來苜蓿，蠻方重譯貢珊瑚。近臣饒有顏師古，紀盛仍修王會圖。

其十

天險由來說薊門，屹然百二壯維垣。盧龍山色分朝暮，召虎輿圖界隰原。寒暑久忘天地大，衣冠今識帝王尊。鎬京作始詒謀遠，考卜還應利子孫。

擬上南苑大閱應制

五言絕句

上林朝氣爽，號令肅千軍。奏賦多揚馬，無煩石鼓文。

七言絕句

霜清旟旐劍光寒，天子親臨大將壇。韎韐一朝伸士氣，飛傳露布下南安。

〔註 1〕強，清鈔本作「彊」。

五言律

環海列連營，于敖靜不驚。〔註2〕龍韜多勝略，虎將待專征。司馬親枹鼓，天王去佩璜。太平修武政，非欲樂觀兵。

七言律

春風飆發蕩高旌，羽騎如雲盡射生。一帶晴暉騰鳳彩，十重紫霄浹龍城。馬聲群肅東都會，劍氣直衝南斗平。盛世文臣饒武略，自多終少請長纓。

送胡掌絲下第

方叔鴻文老杜詩，目迷誰復辨雄雌。漫投奇策同轅固，悔向平流說項斯。利器自能錐脫穎，窮途寧用淚如絲。歸來重撢匣中秘，賦奏長楊一瞬時。

重五偕友人飯貽上寓中

寄居強半載，此日是端陽。懸艾醫愁病，恢談佐客觴。自甘由也嗟，應笑醒而狂。空逐群材後，無因賦柏梁。

其二

作客忘寒暑，玄言破異同。良為歡坐久，易教酒杯空。柘露分梅雨，榴花掩杏紅。不勞尋石隱，閉戶是牆東。

夏日偶成

龍劍光消貧病侵，狗屠築客是知音。既同西李名心淡，應讓諸殷世味深。作賦有辭勞禿筆，乏錢無物市胡琴。案頭鳳咮添新水，閒效坡公著語林。

其二

下馴伏車益見鴛，日看騏驥振天衢。治畦接物術雖善，抱甕攜泉智自拘。啖蔗誰能傷桂老，還駒我正愛山愚。閒中徙倚增吟興，生意婆娑樹一株。

其三

鴛飛歲月迅如流，潘岳閒居悵白頭。興劇每吟青玉案，時深久敝黑貂裘。宮傳碣石埋荒草，金築高臺衍廢丘。自是天都歡樂地，五侯長樂客長愁。

〔註2〕于敖，清鈔本作「干戈」。

其四

罦然遠覽興無窮，玄想非非透幾重。彩絢七朝思隱豹，樓高百尺羨元龍。奚囊肆力敲佳句，卑室開簾冀好風。莫訝此生沉陸海，心閒隨地是牆東。

其五

待詔金門值阮途，言懷良士意瞿瞿。每因紫盛重嗜斗，剛得玄成便覆瓿。內矢誠心同赤子，敢云故態是狂奴。茶經亦屬高賢事，白石清泉調不孤。

其六

管握青鏤夢未靈，探奇來住酈公亭。〔註3〕常期飲酒和元亮，欲賦遊仙託蔡經。朗月入懷心自遠，西山當戶眼偏青。蛙聲斷處蟬聲續，鼓吹殷殷倍可聽。

其七

脫麻依舊處衡茅，曼倩臨文自解嘲。茗戰幾番爭勝負，騷壇好句費推敲。持躬曲僂符三命，問卦迍邅見六爻。一刺經年今滅沒，閉關贏得意囂囂。

其八

蕭疏原不博高名，也逐名流混薊城。相馬幾能逢伯樂，牧羊未必盡初平。棲遲歲月閒中過，牢落機芽雨後生。索米長安餘敝橐，光明難燭旅人情。

數日不晤貽上，因憶元微之有過王十一館詩，貽上行第適與之同，戲成一絕，訊其近作

報國寺中王十一，伴松傲岸凌空碧。連朝不過子雲亭，定有新詩盈一尺。

壽史庸庵太翁

聞人振古推南史，盛名奕奕敵金紫。文采風流代有人，於今又見吾夫子。草玄群羨子雲亭，問字久成公超市。賦參大獵與長楊，不求人薦雄文似。芳蘭玉樹滿庭階，子孫振振皆麟趾。憶昔壯年明大義，獨居竟效曾參志。詩逋酒債日尚羊，逃名如浼薄榮利。安期徐福盡頑仙，自公蔑視猶奴隸。人爵爭如天爵異，父為仙伯兒仙吏。良因橋梓具仙姿，往來節駐瀛州地。

〔註3〕住，清鈔本作「往」。

和王貽上秋柳

　　遠映征帆湖畔東，惠開豐度半成空。灞橋有路增愁劇，笛譜無音按曲工。殘翠遙天聲淅瀝，疏林斜日影瞳曨。靈和前殿經霜後，憔悴高枝對晚風。

其二

　　枚乘小賦競梁園，弱縷凌霜欲斷魂。黃暗三秋京洛館，烏啼一拍武昌門。參差清影傳王顧，悉窣寒風憶曉昏。惆悵凝眸遮遠道，漫同衰草怨王孫。

其三

　　遙想林空畫角哀，巫山巫峽兩相催。業餘淺碧分清沼，剩有新詩伴落梅。已瘦腰肢憐綽約，過時眉樣尚裴徊。秋深搖落魂銷盡，猶自臨風帶影來。

其四

　　寒煙一帶接林平，辜負風流舊有名。慢道青蔥環汴水，祇令黃葉落金城。休文悵恨愁中見，阮瑀淒其雨後生。縱使離筵翻舊譜，不堪腸斷玉關情。

過客冢原

　　風激髑髏氣蕭瑟，一線遊魂歸不得。積冢茫茫與恨平，盡是當年倦遊客。

贈柏君房太翁

　　芬鬱傳椒醑，風流綴隱囊。歲寒知勁節，月露見文章。大道儲韋素，征行具退藏。持身如仲遠，有子是君房。十載張衡賦，三朝荀令香。煙霞憑嘯傲，山水任相羊。斗望符崔李，濠梁比惠莊。鯁心推戇直，鶴壽羨康彊。利物存仁德，揚名表義方。顯昌惟肇始，奕葉嗣金張。

送王貽上觀政畢東歸

　　憶昔雞壇聚名士，花萼輝映先諸王。君家兄弟並年少，座間觸目皆琳瑯。彼時君年方五尺，亭亭具有干霄意。腹槁群驚作賦才，筆端翻駁凌雲氣。玉筍蕊珠壓兩榜，風雲九萬扶搖上。雄才藻艷動公卿，文章大力同龍象。骨相負奇多磊落，笑談珠玉逐風墮。白苧詞傾翰墨場，紅箋色映風流座。萬言書上五雲端，高如江都下治安。天子一朝重外吏，遂使郎秩作刑官。意氣灰頹心半死，攜錢日醉長安市。壯懷擊筑發悲歌，醒來嘿作書空字。雨霽天高鴻雁飛，三時歷盡著秋衣。攜手河梁情黯淡，我猶作客君南歸。錦湖萬頃饒秋色，湖光上下

凝寒碧。哦君秋柳向青天，不妨落拓存高致。遠山壁立水粼粼，籬菊駢開詎是貧。名流未墮司刑署，且與煙霞作主人。

秋興

秋深草蔓日華宮，碣石雲連夕照中。東國人倫思有道，西清斗酒愧無功。林疏葉黯蘋花雨，天闊颷迴燕字風。久客仲宣歸未得，登樓作賦許誰同。

其二

典衣日日曲江頭，狎鳥觀魚當壯遊。懸卜□中乏遠略，難將□下附清流。疏狂柳永傳三變，潦倒張衡續四愁。仰矚雲衢疑尺五，衝懷幾度羨虞丘。

其三

心計難期身後名，祇將杯酌嗣咸伶。柴桑高岸存天性，中散蕭疏遠物情。奢想十年希故態，鄉心一半碎秋聲。駃騠攬轡騰千里，款段依然逐隊行。

其四

索居惟作送窮文，剩有餘功寄典墳。每效盧全歌蝕月，未逢楊意撫凌雲。登山臨水行成癖，愛酒逃禪念正殷。盛世鴻才皆二陸，君苗筆硯自今焚。

喜同門閔六正初受民曹有贈

遊卿高第入承明，題柱榮州論望清。南國偉人饒幹濟，盛時會計待豐亨。燕城博雅追曹憲，朱閣英猷比謝嬰。觸詠風流知有在，白茆從此賁嘉名。

其二

十年學道躋丹梯，王政民情類燭犀。隱念劬勞思御馬，夙興起舞志聞鷄。軺輪匭紃矜吳越，畎畝汙萊徧豫齊。徵調租庸民力盡，知君有計恤窮黎。

雕龍篇贈戴班臣

君不見李斯篆中第一班，立石頌德徧名山。又不見魯公夙擅雕龍手，鏟碑膾炙時人口。千載競雄有戴生，今人堪作古人友。玉版金章瞬息成，坐令腕下飛蝌蚪。一藝之賢邁若曹，容止恂如意自豪。琥珀光搖醺醁酒，藍田玉重昆吾刀。揮毫成文富經史，英年技隱長安市。七貴五侯紛下交，公卿折節爭投刺。富貴等浮雲，榮華亦朝露。獨君姓與名，永載金石錄。六詔九隆行大定，勛奏

止戈成一統。賤如廝養爵通侯，須爾奇文勒鍾鼎。

塞下曲

邊障寒獨早，重襲覺衣輕。西風捲黃沙，高與莫雲平。郅支方虎視，何能去五兵。六郡良家子，浹歲苦長征。

其二

閒上李陵臺，極目望直北。黃雲起天末，風景轉淒惻。日下沒城頭，胭脂黯秋色。不必聽猿啼，腸斷征戍客。

其三

愁聞羌管哀，朝來聲益切。塞楡振高柯，葉盡因風烈。繁霜漬長劍，狐裘冷如鐵。山花不知名，疑為八月雪。

其四

黃河水初落，紫塞早知秋。敵人來飲馬，衝寒據上流。三載無音問，憑雁到南州。豈不切歸思，積功未拜侯。

從軍行

一將飛旟出，萬里長城犖。自我領受降，咸恃以無恐。西域慕漢德，屬國皆震慄。心願報皇家，非為答恩寵。既曰飛將軍，所貴在智勇。李廣威遠人，不以封侯重。

其二

少壯日從軍，馳逐以為樂。轉背曳彎弓，並中雙雕鶚。苦戰立威名，一入敵軍卻。頻年上首功，未得封侯爵。觔力衰於昔，心事還如昨。空摩刀箭瘢，看人成衛霍。

哭僕

余有僕王四者，從余最久。今秋自家至，一來即病，為之延醫，竟至不救，余深痛之。因憶柳州有《掩役夫張進》詩，勉成一章。咫尺之才，何敢妄希子厚，惟是曲體僕隸，實同其意焉。

自我食貧時，爾即為我僕。家道歉不豐，左右須爾助。坐時爾立傍，行時爾

從步。名雖主僕分，相依如骨肉。人厭爾不聰，余喜爾椎魯。時有小過端，含笑
相容恕。同爾共艱難，誓貴不相負。今秋來事餘，方至身遂痛。行時手按胸，坐
臥眉常蹙。問爾病維何，答云食不入。日瘦面復黃，遷延就床褥。見爾病纏綿，
不異余身苦。聽爾呻吟聲，儼若余辛楚。急欲起爾身，延醫徧門戶。諸生紛紛來，
前後趾相續。或言乃傷寒，或言係中暑。或言勞悴多，饑飽不中度。或言食積滯，
故爾成嘔吐。日來飲食艱，藥反果其腹。性不按君臣，何異施斤斧。原欲冀爾痊，
反被庸醫誤。氣出如游絲，奄逝就泉路。父母不得別，妻子不得顧。人亦有恆言，
聰明多不祿。膏火自相煎，譬如將盡燭。惟有下愚人，耆壽同鶴鹿。因其思慮絕，
是以得年富。爾質本下愚，何為反壽促。思窮疑惑生，終不得其故。痛極難為情，
竭資辦棺木。傷哉七尺身，竟成一抔土。封識既精詳，為覓守墳主。縱橫四五步，
莫令牛羊牧。奠爾一杯酒，呼名再三囑。父母余為養，妻孥余為撫。爾素信我心，
可以瞑爾目。言之酸余腸，不覺失聲哭。

宮詞

　　月下偶與友人談詩。友人曰：「宮詞及昭君怨，作者不下數百家，陳陳相
因，遂成濫套，不能別開生面。若拈此題者，便是癡人。」余深是之。友去，
不能即寐，因犯戒各成二首。

　　玉殿意淒其，金秋轉寂寞。花開不解愁，況值芙蓉落。

又

　　愛棄兩相形，悲歡分冷暖。長門愁續多，昭陽更漏短。

昭君怨

　　塞上行將近，回頭駐馬看。紫雲籠罩處，人說是長安。

又

　　故國知難返，臨河羨鮑丘。那能如此水，猶得向南流。

古意

　　蕩槳在溪前，採蓮當水口。空懷蓮子心，何日成佳藕。

重陽獨酌　　是日午大雷雨

　　寒風淅淅涼如剪，長林老圃秋容淡。天高桂落已無香，旅人對此腸堪斷。

係日無繩暑苦短，春草秋花暗中換。始看綠綺滿芳洲，又見黃金徧名苑。擊筑高歌仿漸離，坐愁行歎懷明遠。我來作客歷時長，忽驚今日是重陽。潘生一句詩難就，岸然負骨空昂藏。籬邊採菊空盈把，南山不見雲茫茫。柴門應少高軒過，呼童沽酒對壺觴。利交未見肝腸友，何知頮放飲吾酒。黑雲如墨壓城來，翻盆急雨雷霆鬥。正需暖酒盪冰腸，鑿落頻斟盡一斗。須臾紅日又當天，群陰眾翳歸何有。賦擲金聲同礫瓦，悠悠孰是憐才者。名高北斗仰難攀，由來東閣成虛話。愁續侵人大於身，靜思惟酒能脫謝。不妨賤質鷫鸘裘，直使杯光浸明月。浮生縱百年，歲月原無幾。莫放酒杯空，盡入歡腸裏。題糕興固豪，落帽自可喜。君不見戲馬臺前攬轡場，祇今惟有黃塵起。

送高念東先生南歸

多君壯歲已投閒，宦典雖疏鬢未斑。〔註4〕杜老貞心懸北闕，謝公相業寄東山。才居凌雪凌雲上，人在不夷不惠間。副岳鬘堂欣有主，應偕佳勝共開顏。

寄鍾一士寅翁

無事高齋倍覺寬，閉關酌酒自為歡。輕揮弱翰飛金薤，每餉佳章比木難。張祐閒依青檜樹，文同饞啖碧琅玕。莫言冷署欺冰雪，名士由來重一官。

次來韻述懷並寄一士

雖近春明遠市朝，四愁賦就愧文驍。〔註5〕客居囊底錢將盡，名刺懷中字半消。嘔石懸知新意索，分飛常歎故人遙。何時聚首同前日，疑義攜來印鄭樵。

沖泥行送高念東同王子老作

連朝寒盛涼飆起，層霄雨過青如洗。〔註6〕天街委巷盡溥沙，〔註7〕疇言周道平成砥。〔註8〕來往輪蹄多似織，徧地污泥深一尺。泥面熒熒浮鏡光，濯足濯纓兩不得。憶昔歲星直乙未，駑駘勉步隨新貴。雁書方報紫泥封，馬驚旋向青泥墜。浣衣澡體四五朝，鼻端猶自存餘味。回思□事越傷弓，不敢加鞭惟

〔註4〕典，清鈔本作「興」。
〔註5〕驍，清鈔本作「饒」。
〔註6〕青，清鈔本作「清」。
〔註7〕溥，清鈔本作「搏」。
〔註8〕成，清鈔本作「如」。

—17—

攬轡。濺泥十里洛城東，頓使征人眼界空。寒溪雨漲添新綠，秋柳依然受好風。勝友相期來下院，驪駒祖帳為君餞。遁跡煙霞希聚首，不妨爛醉成歡讌。文繡爭如曳尾龜，勇決多君竟拂衣。狎鳥觀魚遂意興，鑒湖風景未全非。日下夕陽銜遠樹，君行無計留君住。返轡幾回立馬看，羨君已脫泥塗去。

壽金夫子十韻

道濟稱賢相，孤高似異僧。人如千丈玉，官是一條冰。素履歌無斁，黃扉慶有馮。正蒙捷雨化，懸鑒比霜澄。不惑追楊秉，靈符右鄭弘。星魁占兩兩，孫子衍繩繩。國政推心膂，王家藉股肱。執經陪鯉對，倒屣過龍登。揆敘洽邦甸，心齋屬寢興。壽祺知永錫，多福介升恒。

壽王陟公老師

師今歷年四十七，降旦會逢長至日。陽長懸知君子亨，〔註9〕徵奇重見緱山跡。淮水洪流千丈深，琅琊榮盛綿不息。床上疊羅郭氏笏，門前環列崔家戟。曇剛纂譜冠清流，不同四姓競門第。維師抱道明一經，朱雲內愧魯諸生。蘭芽瓊樹盈庭砌，猶子今已冠群英。葆樸本欲全天性，乘興時來遊帝京。或醉或醒恣嘯傲，不夷不惠歷公卿。自是歲星常駐世，何問先庚與後庚。

南苑引見御試紀事

禁外如雲仗馬驕，侍中濟濟列金貂。甘泉柳色連青瑣，宣曲宮煙接絳霄。技勇程材同虎略，詞臣作賦過龍標。菲菲自愧乏經濟，敷奏何能答盛朝。

其二

欣逢君聖與臣賢，趨走彤墀士自前。咫尺天顏生睟穆，諮詢禮遇化機權。五規平治期司馬，三策天人愧廣川。神雀驎虞知貢諛，抒誠惟頌九如篇。

壽胡太老夫人

疇昔重胎教，獨聞太姒賢。祇今觀母德，不數古三遷。陶婦黃鵠詠，姜女柏舟篇。寧止先閨閣，奇男亦遜焉。咄哉賢母心匪石，撫孤養教能成立。茶節冰操五十年，子既服官孫鼎貴。九重表節比懷清，共欣壽母稱人瑞。瑤池仙人薦碧桃，從茲直歷三千歲。

〔註9〕長，清鈔本作「和」。

燕南日征草

東國傳展彤臣著

王士祿西樵　王士禎貽上訂

盧溝道上

驄馬油幢漾紫塵，風光猶似去年春。不匡紅葉翻新樣，應有青山笑故人。

過琉璃河偶成

河干老柳半垂絲，樹轉斜陽日莫時。徙倚征鞍看好景，碧天一色水琉璃。

送友人之任洮西

西征作賦足盤桓，此去休歌行路難。襟帶勝形連抱罕，鬱蔥佳氣接長安。恩深五郡萑苻靜，令肅千軍鶡鶂寒。片紙雄文服異域，佇看威信詟樓蘭。

過桃園結義處因傷今日交道之薄賦得世人結交須黃金

古道信然諾，今人重勢利。白屋少賢豪，黃金多意氣。金多交益深，親同兄若弟。一朝貴賤殊，覿面不相憶。悠悠等行路，友道日凌替。試觀三君子，誼重金蘭契。一語守終身，生交死不易。赤衷慨以慷，黃金棄如置。古人何其愚，今人何其智。始知古今人，判然不相及。

容城弔楊椒山先生

淒淒衰草掩孤墳，鶴淚清霄不可聞。已分千年寒碧血，反令異代識忠臣。〔註1〕壯心竟爾辭蛇膽，危語偏能逆項鱗。〔註2〕唯諾成風知莫返，典刑徒使誦前民。

〔註1〕今上刻公前後二疏，名之曰《表忠錄》，頒賜諸臣。
〔註2〕當公將被杖時，有遺以蚺蛇膽，令服之。公謝之曰：「繼盛自有膽，何必蚺蛇哉？」

過易水作

易水之上送壯士，一去長往不復還。竟天白虹貫皎日，棱棱勝氣摧函關。慢道秦人似虎狼，計深正不在強梁。曹沫能伸三敗恥，荊卿不救一燕亡。阿卿原是庸人伍，博尚不精無足數。雙手敬奉於期頭，圖窮匕首亦何補。嗟哉燕丹乏遠計，倉卒之間求事濟。田光老叟謀慮疏，舞陽小子心膽細。漸離曚目見愈短，不識英雄原無眼。置鉛於築入咸陽，報友雖堅意猶淺。後先疊屍秦宮側，枉自輕生無所得。反使秦王智益深，緣茲不見諸侯客。

鄭州有感

百雉金湯已渺然，祇餘四野抱清泉。虔劉毒後居人少，敞灶平沉萬戶煙。

秋日田家即事

莫以農為鄙，田家況味長。秋深芋子實，日暖稻孫香。紅葉聯芳樹，青蘿覆短牆。野花輕指點，應笑旅人忙。

上任口占

十載攤書志，今朝案牘親。不愁無淑問，正恐有冤民。

滄州候漕使者觀河

曲折三千里，安瀾性善柔。腹中容萬艘，氣度納群流。既令北軍飽，應攄南顧憂。無煩求勝境，眼底是滄洲。

河干書呂仙祠壁

奇蹟曾聞駐岳陽，滄江澤畔又翱翔。白蘋紅蓼偏留戀，始識先生愛水鄉。

河水清為興濟青縣兩令賦

河水清，嗟無魚，文禽枵腹絕所茹。若近若遠皆枳棘，一望漫漫乏人居。困守河干艱一飽，焉同勁翮騰天衢。恨禽不及懿公鶴，稻粱充足行乘車。河水清，清且淺，託跡咫尺翼莫展。鷃斥莫笑文禽騫，羽毛熠耀鏤金管。

津門行

直沽自古海西門，怒濤蛟奮還鯨吞。銀光激浪撼天地，洪波盡處連雲根。沐日浴月生百寶，襟畿帶輔壯維垣。毒龍起伏隨震霆，呼吸能令星辰昏。大劍

十萬鎮海口，風雲叱吒如雷奔。腹受千流與萬川，平吞雲夢如等閒。堅城百雉號雄鎮，櫛居比戶稱庶蕃。文經武緯皆國棟，類同巨鯤生羽翰。亦有人文能作賦，筆端大海起回瀾。地靈人傑兩居勝，翅不寂寞乾坤間。

述懷

童稚學雕蟲，迥與庸流異。雄思如湧泉，江河沛其勢。文章積笈盈，家資仍壁立。富貴力相雔，念年獲一第。巨任匪其材，瀛州為小吏。爰書勞我形，案牘堆如砌。匍匐候車塵，日盡夜以繼。疇昔勝勢縈懷抱，鴻鵠遠志人難料。升堂入室跂班揚，慷慨意氣薄燕趙。文壇逐鹿盡英雄，藝林倚馬皆年少。豈料一朝作下僚，經時未敢開眉笑。除對婢僕覺官尊，更向何人稱吏傲。鐵骨錚錚須若戟，屈膝繞指非其好。吁嗟乎縱教時俗尚呢訾，終期用拙存吾道。

恒山呈佟壽民胡道南諸君子

雄風從古說常山，虎踞燕南百二關。比戶萬家稱總總，堅城百雉勢閒閒。采薇楊柳追方召，錯彩芙蓉屈謝顏。循吏諸公饒遠略，豐亨尚自慮時艱。

輓劉曙浦年兄八章〔註3〕

那堪聚散等浮雲，地下修文竟召君。回首人間應少恨，已當四十著聲聞。
〔註4〕

其二

可憐玉樹已雕殘，廣漠風高白日寒。渺渺旅魂招不得，謾言天地一浮棺。

其三

抔土聊堆馬鬣封，紙衣瓦器度殘冬。冥中黑黯無歸路，情況應同阮嗣宗。

其四

鳴珂華冑冠荊南，方得成名入斂函。欲繼書香艱嗣績，空餘慧業類鍾譚。
〔註5〕

〔註3〕公諱渾孫，壬辰進士，楚人。初授永平司李，因朝審歿於恒陽。
〔註4〕公四十捷南官。
〔註5〕公與伯敬、友夏俱景陵人。

其五

昔日雙龍振蟄鱗，一龍忽化作輕塵。弋陽署裏更深夜，應有燕魂入夢頻。
〔註6〕

其六

長途女士送寒衣，寶鴨香消冷蕙幃。忍見孤鴻驚失偶，北飛未已又南飛。

其七

品同蘭芷產衡湘，弱植何能傲雪霜。南北異宜悲齎志，遊魂應不戀漁陽。
〔註7〕

其八

雕龍彩筆總成虛，七尺昂藏託柳車。因是壯懷薄下吏，豔心榮貴赴遮須。

東萊張文安公家梨園陸麗卿者，色藝冠一時。西樵與諸同社咸贈以詩，貽上多至二十首。戲以一絕緘西樵

聞說盤伶獨擅名，幽蘭明月繫人情。瀛州下吏疏狂甚，千里殷勤問麗卿。

仲冬雪後侍大中丞董公閱武十首

武場林立大刀頭，潛讋群凶見壯猷。鈴閣風清恣嘯詠，好將謀略嗣輕裘。

其二

一呼群應若轟雷，虎力應知朽木摧。廝養人人皆國士，無煩用力築金臺。

其三

貂錦三千力撼山，投石超距意閒閒。畿南一帶長城固，平衍還同百二關。

其四

謾言大雪沒腰深，預兆豐年寸寸金。滿出金錢資壯士，投醪挾纊等閒心。

其五

千群上駟共驅馳，塵掩摩雲赤羽旗。功奏曳柴屬大將，此中未許健兒知。

〔註6〕乃弟楫庵與公壬辰同成進士，時為弋陽令。
〔註7〕公初授牒永平，鬱鬱不得志，遂致病，竟至不起。

其六

金裝短鎧燦星襦,連臂平彎金僕姑。貫扎穿楊皆命中,〔註8〕龍城飛將在徒胥。

其七

指顧蓧侯細柳營,禁中頗牧有書生。古來暇整屬形似,已具胸中十萬兵。

其八

于敖獻技獵初歸,猶有殘腥在鐵衣。栗冽寒風同虎嘯,銀沙相伴劍光飛。

其九

禮成諸將脫兜鍪,飲至傳觴笑語柔。猶恐凱歌襲故套,梨園按部唱伊州。

其十

腰間寶劍耀昆吾,竟日除戎事選徒。莫詫露文容易就,帥壇人是董江都。

仲春侍董中丞沿城觀柳

森森交影拂圍牆,張緒風流未渺茫。弱幹臨淵添黛綠,柔條競色染鵝黃。灞橋別贈難頻折,上苑餘生正起僵。九十風光行過半,擬將春思結垂楊。

其二

新舊相參若簣然,短柯掩映傍清泉。武昌門外歌方媚,汴水灘頭影未圓。萬樹應同功勒鼎,十年懸計色如煙。承家開國名臣業,留此甘棠續往賢。〔註9〕

和李遜膚廉憲歸隱詩十首

升沉不必問麻衣,紆紫垂青況味稀。秉禮制行嚴默默,作詩玄想到非非。

其二

晞髮披襟藉石衣,比同夷甫宦情稀。閉關歸隱開三徑,克己存仁謹四非。

〔註8〕扎,清鈔本作「札」。
〔註9〕甘棠用王敬則事,非《國風》蔽芾章中語也。

其三

深山初製薛蘿衣，況值修齡近古稀。寡過思齊追伯玉，已知四十九年非。

其四

冰心玉映五銖衣，碩德如君古道稀。舉世人倫尊月旦，媸妍任被號公非。

其五

歸樂田園作布衣，少年遊處尚依稀。恰如遼左初歸鶴，城郭人民半已非。

其六

好賢惟我切緇衣，鴻冥高標見自稀。不向莊生期栩栩，聊從虞子著非非。

其七

任運冬裘夏葛衣，北窗一覺曙星稀。歸來熟誦淵明句，今是應知昨日非。

其八

冷骨忘情金縷衣，躬耕應自覺知稀。一丘一壑恣吟詠，處困休傷吾道非。

其九

抽簪擬著芰荷衣，擾擾黃粱入夢稀。萬卷擁書成獨樂，一塵不染是耶非。

其十

止足榮同畫錦衣，三槐五柳兩依稀。風流雅慕陶弘景，名位羞稱朱勝非。

望日侍中丞觀柳再成

花朝馬上又重看，復使陽和徧野乾。麗日應知隨仗暖，涼風不忍拂條寒。氣催夾岸黃初綻，凍解清流碧一湍。遙憶十圍枝並茂，他年逐隊共提攀。

雨後侍中丞出郊蘇劍浦限韻因成

春深芳草碧，一望滿眸青。馬劣馳平野，心忙過小亭。風驕欺隴麥，花瘦暗林坰。為頌賢侯駕，歌詩嗣雨零。

東隄觀荷上董中丞

城隅如踞虎崖懸，控馬臨流眺逝川。幸近萬間依廣廈，愧隨獨坐酌廉泉。
〔註10〕旌功浹歲頻栽柳，比德春朝愛種蓮。風起綠波微皺處，新添荷葉小如錢。

自津門回麥將逢秋因用前人二麥謠首句演而成律

大麥青青小麥黃，野田時送菜花香。四民惟有農家苦，八口應知蠶婦忙。
斜笠隱傷同瘦馬，氈衣何忍切肥羊。慈祥元是臨民訣，莫使嚴威等亢暘。

靜海道中口占

冒雨方知行路艱，明刑政事半征鞍。小窗自愧疏周易，末座無言應客難。
東國幾年虛道隱，北門今日賦官寒。長虞文意消磨盡，祗好孫郎帳下看。

青縣道中即事

莽榛無際盡窮荒，點綴郊原柳幾章。雲錦千群宜牧馬，羽騎十隊並驅獐。
小村火炙榴方赤，長甸風催麥欲黃。已理簿書辭帖括，馬蹄猶似舊時忙。

異馬歌

穆王有騎名八駿，超光十影特奇甚。萬里追風指顧間，翩然一御瑤池近。
漢家下令索宛馬，雄兵遠過蔥嶺下。貳師緣此竟封侯，譜歌樂府稱奇詫。此馬
得來自凡種，馼騠七日能馳騁。蹄傍隱距類鋼鉤，色疑一片胭脂冷。引首長鳴
矜勝勢，驊騮當之皆股栗。五尺身軀三尺高，已含聳壑昂霄意。攬轡平原足方
展，疾追飛驦下長阪。諛言來牝數三千，惟茲應冠天閒選。憶昔巨眼九方在，
索諸牝牡驪黃外。〔註11〕後世不諳相馬經，紛紛勤遠求奇怪。黃金為絡結珠
鞍，試之立蹶名實敗。風塵隨地有龍駒，何事窮搜蒲類海。

金春宇游擊有子能文詩以贈之

橋梓稱名世，君家代有人。子文蔚虎豹，父績畫麒麟。鉛槧綿家乘，貂蟬
毓國珍。莫言無往跡，來濟是前身。

過趙北口

地勢三關險，天光一水涵。勝形連代北，風景似江南。鮮鮓同鱸美，新薺

〔註10〕愧隨獨坐酌廉泉，清鈔本作「愧隨獨座酌貪泉」。
〔註11〕驪黃，清鈔本作「黃驪」。

帶乳甘。問誰多領略，香枘伴瞿曇。

其二

今復憑心鏡，昔曾憩膝庵。易酤非酒聖，苦詠類詩憨。令序逢秋八，寒光對影三。長湖弛法禁，多取不為貪。

奉檄入闈宿雄縣館舍見壁間有乙未春與西樵貽上廈酬舊作再和貽上

檄書飛急雨，遄發敢留停。浥露沾衣濕，寒芒照眼青。賒途疲馬足，好句冷旗亭。祖道筵相續，驪歌愧未聽。

早發易水道中

硱磊拳拳不易消，長虞無復昨豐標。嘯歌聲澀虧三體，金粉工疏謝六朝。雨漲草侵沙路暗，衣輕風向旅人驕。一鞭迢遞王程急，馬怯寒霜舊板橋。

闈事竣公宴有作

文壇雅座宴群流，位列臺星邁等儔。徐勉清談風月夕，庾公佳興武昌樓。新添漂鴨傳觴政，不用花枝作酒籌。幸竊時光恣嘯詠，酒香爭似桂香浮。

千兵來謁見手本有印戲成一絕

十年螢雪苦勞心，慚愧成名列士林。已作李官猶白板，爭如小弁絹黃金。

偶拈書壁劉祝二廣文及諸茂才皆有和章再用原韻報之

縫掖迂儒出處艱，孝標謾詫鍍金鞍。常期操筆從三易，不謂居官值九難。暑雨信同茶味苦，高齋可比列泉寒。公餘珍重投來句，留作十城寶玉看。

其二

一官夙夜念民艱，[註12] 況瘁泥塗據馬鞍。槐簡何能稱吏傲，棘叢益自信才難。憂時拯溺腸方熱，計日攤書盟未寒。壁上塗鴉非索靖，慚勞名士醉心看。

劉水心假舟詩以謝之

千里滄江路，勞君舟楫功。停橈觀勝勢，破浪倚長風。地已環三輔，山應過萬重。濟川欣有具，利涉憶劉公。

〔註12〕夙，清鈔本作「風」。

夏夜偶成

槐影扶疏落滿庭，涼颸入夢筆花生。論新猶冀熟千賦，書儉難云擄百城。雨後星河明似練，夜深階砌靜無聲。蕭蕭冷署惟瓶粟，贏得心閒夢不驚。

即事

鼠跡盈床致亦佳，魚塵滿甌計誰儕。攤文久失明光錦，握管行疏掛壁釵。蝶夢頻生分雅況，燕泥驚墜點空階。爰書已外無長物，李署宜名苜蓿齋。

春日福田寺蘇劍蒲限韻二首

寶殿深幽處，佛光寄慧燈。伴林多野景，持戒少禪僧。蒲饌饑思食，繩床困欲憑。長松臨碧閣，青氣拂簷層。

其二

桃花初放後，幾點類疏燈。選勝消塵劫，偷閒羨衲僧。超凡空有願，證聖渺難憑。歷級探金字，高樓第一層。

涿州道中望西山

點蒼黛色滿西山，蟻附遊人日往還。非是登臨乏興會，樂天心不放身閒。

其二

連山雨過削芙蓉，躑躅盤空翠欲封。官道緇塵添面甲，匡廬辜負最高峰。

祝提少司寇

抽簪歸隱羨風期，弘景方瞳共見奇。鶴算應知綿白髮，熊經何事訊黃眉。芝蘭比謝皆由禮，文獻凌韓欲續詩。清淨立心存義訓，因教下吏奉為師。

送田雪龕由河間令遷泰州刺史

四年勞吏苦如何，未見歡容但嘯歌。常視隸人先負弩，敢將撫字後催科。頻仍偉績千村頌，歷落空囊一劍多。兩袖清風從此去，更無綺石置江河。

其二

鶴琴南去悵離群，五馬風高日色曛。人是子方存傲骨，〔註13〕筆追內翰見

〔註13〕傲，清鈔本作「敵」。

雄文。遙思冀北旗亭句，應賦江東日暮雲。指顧海陵標異政，行教兩地頌神君。

贈杜開宇茂才

得晤高賢勝漫遊，興酣不覺酒杯浮。達觀久矣澄心鏡，壁立蕭然寄陸舟。落寞子應同范叔，薦揚我自愧虞丘。由來杜固聲名重，明月珠光忌暗投。

大城道中

薄霧著烏帽，驚成白氈巾。迢迢瞻遠道，草草見勞人。寒氣觸饑腹，征衫撲黯塵。一行皆老馬，何又值迷津。

過靜海釣魚臺〔註14〕

鼓刀垂釣自人豪，何事名場競羽毛。千里山河更幾姓，齊城應讓釣臺高。

靜海僧室壁間有小詩高杜諸君皆有和章再用原韻報之

玉帶十圍愧壯遊，振衣飽有劫塵浮。〔註15〕馳驅官道持王板，契闊清流羨李舟。衲子孤高同慧遠，韻人風雅勝吾丘。不辭來往頻相過，疏吏山僧味正投。

華藏庵晏林和尚索詩立次壁間韻贈之

霜天琪樹剪冰花，為撣禪宗到梵家。披睹莊嚴俗念淨，羞同支遁話桑麻。

春日旅館

小月娟娟傍曉明，夢回往復憶離情。疏鐘急柝催人去，辜負春鶯送好聲。

〔註14〕傳為太公釣處。
〔註15〕有，清鈔本作「看」。

漬槻堂集唐

轅里傅宸彤臣輯

同邑王士禎貽上訂

集唐弁言

余壬辰、癸巳間與家兄西樵先後為《香奩詩》數十篇。自序有云：「唐玉溪、玉山之流，款膩濃膴，不必與體格有合，而反與三百五篇為近。苕山張氏當歎絕以為知言。」今年與彤臣作客都門，予彈鋏書空，意興都盡，而彤臣乃於登高作賦之餘，戲輯唐句為春閨詩，不旬日遂至百首，讀之如古官錦閱數十百年，忽著蜀江一濯，絲理文采頗若別經機杼。昔菏澤李龏和父作《剪綃集》，說者以為巧奪天工，然龏之所採擷，無過飛卿數家，豈若此集之網羅百氏，使杜、李、元、白共歸一冶，初盛中晚無復殊觀。令與和父較其工拙，吾不知古今人度越何如，正恐積薪之歎所不免耳。

戊戌七夕日同里年盟弟王士禎拜題於蕭寺。

春閨一百首

春思擾人，情悰如縷，欲作閨詞以釋之。勁骨薑心，恐與喁喁之語不肖，於是集前人言，成絕句一百首。情事婉孌，訖端鎔鑄，舉體生妍，自謂斌媚矣。然刻畫無鹽，唐突西施，終不堪令清照諸女郎見也。

其一

欲看湘碧帶春流，垂柳風多掩畫樓。雲外山高寒色重，夕陽閒放一堆愁。

其二

閒燒鵲腦繡房前，無力梳頭任髻偏。垂柳綻金花笑日，潛教桃葉送秋韆。

其三

碧玉今時鬥麗華，尋芳不覺醉流霞。那堪獨立斜陽裏，落盡東風第一花。

其四

百憂如草雨中生，雨濕東風未放晴。漠漠梨雲如夢度，合歡羅帶意全輕。

其五

翡翠橫釵舞作愁，悔教夫婿覓封侯。門前舊路生青草，蘭思縈洄楚水流。

其六

百花如繡照深閨，樹色參差隱翠微。紅粉樓中應計日，殘花撩亂待君歸。

其七

垣外花枝壓短牆，半隨風雨斷鶯腸。最憐瑟瑟斜陽下，雨霽煙開玉女岡。

其八

春半如秋意轉迷，海棠花裏鷓鴣啼。同來玩月人何處，依舊煙籠十里堤。

其九

檻外花低瑞露濃，寂寥誰與此身同。煙開蘭葉香風起，雲盡遙天霽色空。

其十

碧桃花發長春愁，嫁得蕭郎愛遠遊。南望千山如黛色，蕭疏楊柳隔沙洲。

其十一

為嫌風日下樓稀，繞砌梨花片片飛。山翠萬重當檻出，時窺雲影效裁衣。

其十二

懶畫長蛾對鏡臺，想中顏色苦疑猜。斷腸芳草連天碧，一段春愁帶雨來。

其十三

風回岩岫雨中移，梔子同心褭露垂。寂寞空庭春欲盡，桃花紙上待君詩。

其十四

梨花滿地不開門，搖盪春心似夢魂。簾卷玉樓人寂寂，空留鶯語到黃昏。

其十五

涼月如眉掛柳彎，津頭雲雨暗湘山。春風鸞鏡愁中影，照耀金釵簇膩鬟。

其十六

朝日殘鶯伴妾啼，露桃穠李自成溪。落花踏盡遊何處，待得郎來月已低。

其十七

樹色川光向晚晴，香飄金屋篆煙清。落花芳草無尋處，竹影當窗亂月明。

其十八

數株楊柳暗紅橋，長憶春纖折柳條。十八雲鬟梳掠遍，碧桃花下自吹簫。

其十九

煙籠寒水月籠紗，別憶春風碧玉家。紅藥院深人半醉，隔簾微雨濕梨花。

其二十

宿雨初晴春日長，畫簾垂地紫金床。東風不為吹愁去，雲雨巫山枉斷腸。

其二十一

紅萱露滴鵲驚林，三徑春蘿晚翠深。青鳥罷傳相寄字，幾多離思入瑤琴。

其二十二

真成薄命久尋思，腸結千回託亂絲。消瘦渾如江上柳，絮飛晴雪暖風時。

其二十三

細雨侵階亂碧鮮，月遷竹影到窗前。花臺欲暮春辭去，枉卻工夫溉玉田。

其二十四

杏豔桃嬌奪晚霞，月眉雲鬢盡名家。不知何事秋韆下，閒對春風看落花。

其二十五

好天良月鎖高臺，芳徑無人花半開。別後相思隔煙水，春風不放過江來。

其二十六

花落閒階夕雨晴，轉教小玉報雙成。春光是處傷離思，不憤朝來喜鵲聲。

其二十七

萋萋芳草憶王孫，花落無聲枉斷魂。翠袖未殘空染淚，一眉新月破黃昏。

其二十八

芙蓉如面柳如眉，含笑無人獨立時。花下綺窗銀燭冷，一年春色負歸期。

其二十九

自從消瘦減容光，雪洗凝□□嫩黃。病裏腰添垂柳細，愁中眉讓遠山長。

其三十

微步凌波暗拂塵，隔牆分送一枝春。經年芳思隨雲雨，折取桐花寄遠人。

其三十一

惜花長是替花愁，夢繞雲間百尺樓。春露冷侵銀兔影，湘簾初卷月沉鉤。

其三十二

日暖香階晝刻移，春來何處有佳期。含桃風起花狼藉，繞徑全低月樹枝。

其三十三

花徑迤邐柳巷深，孤煙遠樹動離心。憐君城外遙相憶，歸夢悠悠何處尋。

其三十四

良宵祇為一人長，夢隔巫山蝶思荒。低喚小鬟推繡戶，一雙乳燕出雕梁。

其三十五

南山低對紫雲樓，半下珠簾半上鉤。燕子不來春事晚，紅香暗落碧池頭。

其三十六

南國東鄰競一時，內家盡道勝花枝。卻嫌脂粉污顏色，曉近紗窗淡畫眉。

〔註1〕

其三十七

春光滿眼媚兒家，新繡籠裙荳蔻花。為愛好多心轉惑，釧金掩映臂間紗。

〔註1〕畫，清鈔本作「掃」。

其三十八

綠楊映水草含煙，初月如鉤未上弦。別後相思江兩岸，浣花春水膩魚箋。

其三十九

春水初生乳燕飛，傍人相勸易羅衣。白沙洲上江蘺長，惆悵當年意盡違。

其四十

柳塘花絮正紛紛，徙倚東風恨日曛。歸夢不知湖水闊，渡頭春盡草連雲。

其四十一

初月纖纖映小池，席前花影坐間移。滿庭新種櫻桃樹，淺碧眉長約細枝。

其四十二

白雲芳草與心違，瘦盡嬌紅綠正肥。燕子銜將春色去，銷魂楊柳一時垂。

其四十三

為愛梅枝亞石床，庭中飄豔妒蘭香。春風不見尋花伴，自種茱萸舊井傍。

其四十四

明月東風叫杜鵑，夜闌吹笛稱江天。青山一道同雲雨，風景依稀似去年。

其四十五

一片花飛減卻春，雨餘芳草淨沙塵。眾中不敢分明語，鸚鵡嫌籠解罵人。

其四十六

一抹紅香傍臉斜，輕風細雨落殘花。千金斗帳懸高壁，鳳吐流蘇帶晚霞。

其四十七

怕持鸞鏡照秋波，草色黏將碧霧拖。夜合帶煙籠曉日，東風著意杏花多。

其四十八

清暉花影隔簾櫳，寂寞香閨枕簟空。偷滴相思千點淚，珠痕侵臉落輕紅。

其四十九

子規聲盡野煙深，遙憶仙郎夜夜心。月照汀花迷去路，愁將孤月夢中尋。

其五十

一片晴霞凍不飛，玉杯瑤瑟減光輝。傷心日暮煙霞起，柳拂青樓花滿衣。

其五十一

十二峰頭月欲低，刺桐毛竹待雙棲。殘花春盡黃鶯語，莫向相思樹上啼。

其五十二

池畔花深鬥鴨欄，冷香愁雜燕泥乾。入君旅夢來千里，想像精靈欲見難。

其五十三

惆悵東風落盡花，綠波清迴玉為砂。睡融春日柔金縷，獨臥晴窗夢曉霞。

其五十四

同心雙帶靨金蛾，怨入東風芳草多。翠帳綠窗寒寂寞，年年惆悵是春過。

其五十五

香徑無人蘭葉紅，寒窗幽思度煙空。朱簾暮卷西山雨，時有殘花落晚風。

其五十六

羅綺花飛白玉堂，不因風起也聞香。蛾眉半斂千金薄，鴉鬢斜釵玉燕光。

其五十七

風透紗窗月影寒，玉肌蕭索粉香殘。愁容正恐花相笑，下卻珠簾不忍看。

其五十八

寂寂花時閉院門，藹然雲樹重傷魂。春風不閉葳蕤鎖，一半山川帶雨痕。

其五十九

紅衣落盡暗香殘，零落雲霞色漸乾。解釋東風無限恨，不知斜日下闌干。

其六十

金鳳釵雙逐步搖，煙鬟紅袖恃嬌嬈。為愁春色如流水，隱把風流暗裏消。

其六十一

楊花落盡子規啼，山靄蒼蒼望轉迷。別後寂寥無限意，不關春草綠萋萋。

其六十二

香閨春盡黯銷魂，〔註2〕雨打梨花深閉門。獨倚危闌思往事，闌寒釵影落瑤尊。

其六十三

半開香閣露嬌姿，羞把腰身並柳枝。舞席歌殘空歲月，一生顏色笑西施。

其六十四

女幾山頭春雪消，柳因風力發柔條。南湖春色通平遠，綠水回連宛轉橋。

其六十五

白日尋思夜夢頻，魂銷目斷未逢真。須知無限春來意，淚草傷花不為春。

其六十六

日高方始出紗窗，雨歇風輕一院香。蠻錦花多春袖窄，小姑新著好衣裳。

其六十七

鶯澀餘聲絮墮風，蘭卮酒色去年同。鳳皇池上頻回首，碧玉搔頭落水中。

其六十八

剪得燈花自掃眉，晚來妝飾更相宜。門前不見歸軒過，忘卻紅樓薄暮期。

其六十九

滿頭花插麗春枝，脈脈閒情更泥誰。頻轉橫波嬌不語，戲將梅子打鶯兒。

其七十

依依殘月下簾鉤，惱亂春風卒未休。嬌養翠娥無怕懼，也顰眉黛託腮愁。

其七十一

行人猶未有歸期，萬種相思只自知。好是隔簾花樹動，數聲啼鳥上高枝。

其七十二

水晶簾外冷沉沉，柳暗榆飛春日深。欲寄遠書愁不敢，自拈裙帶結同心。

〔註2〕黯，清鈔本作「暗」。

其七十三

春色憐人綠襯苔，〔註3〕輕移蓮步下芳階。無端鬥草輸鄰女，又向花間賭鳳釵。

其七十四

落花流水恨空存，淚濕孤鸞鏡曉昏。此日令人腸欲斷，一回延首一銷魂。

其七十五

夢裏曾經與畫眉，不堪覺後更相思。風香露重梨花濕，正是愁人不寐時。

其七十六

靚妝纔罷粉痕新，紫燕雙飛似戲人。惆悵妝成君不見，近來方解惜青春。

其七十七

鶯轉高枝燕入樓，輕簾風動半離鉤。天街帶雨淹芳草，別作深深一段愁。

其七十八

桃李無言鳥自啼，倚風情態被花迷。長林盡是相思樹，偏是鴛鴦不得棲。

其七十九

妝成春寢覺仍遲，枕上寥寥心自知。新睡起來思舊夢，楚天雲雨盡堪疑。

其八十

簾前曉色驚雙燕，零落胭脂三兩片。百葉夭桃晚更紅，願為明鏡分嬌面。

其八十一

直至春深不似春，柳開花發自傷神。晚來欲雨東風急，水遠山長愁殺人。

其八十二

香紅嫩綠正開時，春媚煙花有所思。多病不禁愁寂寞，曉鶯啼斷綠楊枝。

其八十三

一年今日最芳菲，宿鳥翩翩落照微。春意自知無主惜，留花不發待郎歸。

〔註3〕綠襯苔，清鈔本作「襯綠苔」。

其八十四

濕雲如醉護輕塵，綠戰紅酣別是春。流水落花多少恨，曉窗睡起翠蛾顰。

其八十五

碧紗窗外囀黃鸝，也向東風怨別離。白日睡多嬌似病，入簾新影月低眉。

其八十六

金屋人閒暖鳳笙，酒腸雖滿少歡情。黃鶯無語東風起，又覺春愁似草生。

其八十七

紅藥當階次第開，花香長作嫁愁媒。因思往事成惆悵，卻向春風領恨回。

其八十八

百花開盡柳依依，莫逐狂風撩亂飛。昨夜雨多春水闊，鴛鴦相對浴紅衣。

其八十九

低花樹映小妝樓，花正開時人正愁。閒倚繡簾搓柳絮，蜻蜓飛上玉搔頭。

其九十

顛倒青苔落絳英，風光無處不含情。芙蓉帳冷雲屏暗，欲寄相思夢不成。

其九十一

不忍和苔踏紫英，金蓮無復印中庭。春愁不破還成醉，盡日風吹玳瑁箏。

其九十二

寶釵墜地鬢堆雲，惆悵金泥簇蝶裙。數日鶯花皆落羽，幾回愁我又愁君。

其九十三

夢裏春風玉樹枝，將行忽起半心疑。落花旋作回風舞，獨有妝樓明鏡知。

其九十四

蛾眉新畫覺嬋娟，水思雲情小鳳仙。祇為傷春心自醉，中宵多夢晝多眠。

其九十五

宮樣梳頭淺畫眉，莫愁還自有愁時。關河風雨迷歸夢，別後音書寄與誰。

其九十六

雲鬢芆籠紫鳳寒，風飄樹影拂朱闌。紅芳堪惜還堪恨，強把花枝冷笑看。

其九十七

憔悴朱闌怨落暉，輕紅撩亂點春衣。爐煙空自銷金鴨，閒看鴛鴦作對飛。

其九十八

多情反似總無情，起傍朱櫻樹下行。欲托花香傳遠信，卻嫌鸎語太丁寧。

其九十九

眉銷殘黛臉銷紅，柳弱花欹畏曉風。斜倚玉床春色去，舊愁新恨幾重重。

其一百

風吹柳帶搖晴綠，野棠開盡飄香玉。寶瑟朱弦結遠愁，蕙心迢遞湘雲曲。

落花詩

轅里傅宸彤臣著

　　詩以落花名，舊題也。余賦姿慵劣，[註1]眇見寡聞，加以塵陌有勞人，書架無臥客。憶所見者，惟韓、李、劉、余十餘人，以絕句擅美唐宋之間。至按韻分拈，祇沈、唐、王、宋四君而已。其中曠思遠致，雖笏金尺璧，不足以擬之。然才為題困，興會不屬，未免率意湊句，時來嘔人。余嘗臆斷曰：「此中必有佳處，待後人踵事增華也。」春來長日無事，對景觸懷，酌酒一石，勤力五朝，借葫蘆於陶穀，依樣畫來；奪花筆於江淹，信手揮去。既可補前人之未逮，聊以消永日之閒心。一倡群和，振起大雅，是則固陋之志也。敢踞韻壇，擁皋比哉。

一東

　　為惜朝來上苑東，辭枝委地錦成叢。殘英駐色術難就，好景催人賦易工。舞袖輕招翻膩紫，妝臺飛入混脂紅。高唐佳夢擬初破，幾處香魂逐曉風。

二冬

　　如酲醉色似情濃，掩映郊原襯綠葑。燕尾當年歌帝子，虎頭何處寫天容。珊瑚擊碎嬌堪把，錦繡無人翠欲封。北海三山皆碎彩，想為宮裏鬥三冬。

三江

　　群芳昨夜漲長江，波委雲流勢未降。鳥喙驚翻輕豔豔，枝頭初下影雙雙。園香露浥凌寒碧，國色風吹到急淙。曲岸尋春春欲盡，祇餘天巧砌紅玒。

〔註 1〕慵，清鈔本作「庸」。

四支

彷彿崑崙墜玉厄，纖纖困步力難支。靚妝遙望矜三閣，淡致悠然寫十眉。白氏生離樊少素，漢宮初遣友通期。妖魂未老逐風下，辜負崔生日月旗。

五微

過雨輕纖弱不飛，承恩美婢笑癡肥。藥珠宮裏裁紅袖，蘿芧溪邊浣絳衣。豔冶撩人情淡宕，曈曨映日致霏微。說仙說幻皆疑夢，幾代勞神辨是非。

六魚

飛飛徐入點床書，毛穎無靈夢亦虛。斂爾貯箱堪飼鳥，飄然到水可沉魚。填詞驚眾虧三影，證果從心悟六如。靡豔新翻江上曲，桃根桃葉兩躊躇。

七虞

芳菲鬥勝未全輸，時序忽驚過隙駒。一自紅塵埋豔質，因令黃幄惜嬌姝。留仙碧唾方凝袖，閼氏櫻桃盡褪朱。風不鳴條惟上古，花神應自羨唐虞。

八齊

百花枝上綠初齊，冷翠殘香擲野溪。慧照破山占紫氣，祇園一日換朱提。華清出浴凝妃體，林園寒香壓麝臍。無力隨風風誤我，昌黎有恨在牆西。

九佳

春榮剝盡灑空階，蓮步盈盈印鳳鞋。輕浪雨狂翻玉壘，合歡風急離金釵。愁眉孫壽情何遠，淚眼驪姬致亦佳。風韻莫教輕舉似，仙標姑射結同儕。

十灰

迎人一笑自天來，渾脫筵前侑酒杯。驢背錦囊方就句，馬嵬羅襪半成灰。鵑紅滴瀝依青草，蝶粉輕盈墜素胎。安得漢皇情鄭重，憐卿重築護風臺。

十一真

蕭然幾點類輕塵，佛果輪迴便認真。范縝無心投混廁，竟陵何幸墜花茵。後宮美麗應重妒，前渡漁郎已失津。弱紫嬌紅零落盡，令人常惜可憐春。

十二文

消息春光又幾分，錦腸遺槁著奇文。溫柔終老應難再，秀色可餐疑是君。序未仲秋驚炙額，時方三月染榴裙。樓前沈宋凝眸處，飄緲晴空下五雲。

十三元

簡點枝頭一不存，空餘啼鳥送黃昏。有懷舉棹尋前路，無計推輪返上元。厭浥成泥增燕壘，翩翻入夢擾蝶魂。九疑山下沾斑竹，錯認湘娥墜淚痕。

十四寒

共惜芳林春意闌，吹條拂絮苦摧殘。投牀寶女身無恙，入井麗華步已跚。地下紫貐愁欲碎，枝頭青眼笑相看。體輕不耐東風惡，著地無聲隨意寒。

十五刪

從經棒喝法師還，粉扮紅妝一抹刪。嬌面破傷乏獺髓，冶容憔悴剩雲鬟。長門棄擲難求賦，房老青年便退閒。老大徒悲如失蒂，不堪回首憶紅顏。

十六先

相思徹骨應難捐，浪墜污泥痛業緣。紫陌久盈和雪藥，青樓空積買花錢。數番春信催肥瘦，一曲霓裳掩後先。妝飾無常隨意換，壽陽貼翠改新鈿。

十七蕭

容華萎謝不成嬌，化作繽紛絳雪飄。吳越徧山覆碎錦，江淮滿地湧新潮。離宮繁紫施幃幔，芳徑輕紅拂艾蕭。百寶橫陳光射目，無煩天女布瓊瑤。

十八肴

司霜青女箭頻敲，香冷高枝杜宇巢。俏上金翹輕點綴，慢從銀海起浮泡。紫囊賭勝畀秦火，赤霧騰空燔楚郊。長袖扶來嬌欲舞，松臺片片落蒸肴。

十九豪

閉關酌酒日遊敖，〔註2〕紅瘦猶牽仲蔚蒿。牛斗次躔停異氣，阿房麴室棄殘膏。慶符浣母徵雞羽，製錦緘神費剪刀。今古玄都知幾處，欲同夢得比詩豪。

〔註 2〕敖，清鈔本作「遨」。

二十歌

選勝尋芳事已訛，不堪重唱豔陽歌。博歡楚館湮紅袖，競寵隋宮點綠螺。李氏弟兄爭勝負，楊家姊妹鬥綺羅。春風新贈明光錦，花樣無煩織女梭。

二十一麻

歷亂紅香計那些，武陵溪上伴胡麻。太真雨淚殷晴血，妃子風飄失臂紗。丹嶂連朝凝瑞氣，赤城一帶起晴霞。日長閒殺無餘事，聊費文心數落花。

二十二陽

瑤池一曲舞山香，春去關情應斷腸。不異怒濤翻雪浪，恰如醉舞助風狂。曲江宴上添宮彩，珠幌樓前卸晚妝。自是色衰辭下輦，休因專寵怨朝陽。

二十三庚

名園日日積叢英，狼藉芙蓉作錦城。奉詔應傾千點淚，投崖不惜一身輕。比丘依惹函三室，縫掖情追念六庚。滿地筆花開爛熳，一時齊送到江生。

二十四青

回身徐下藉莎町，秋落悲傷淚雨零。垂袖舞風勞燕燕，齒鋒灑血濺青青。梅花紙帳閒桃柳，金屋藏嬌貯尹邢。憑弔有情常隔世，擬將耦句勒花銘。

二十五蒸

亂落丹砂歎未蒸，參微證聖眇難憑。奇分佛座蓮千葉，迂折仙源路幾層。惠炬悟關全點雪，文章虛彩況鏤冰。驪山久已埋香骨，褒姒何緣又裂繒。

二十六尤

十分春色倩誰收，燕絮鶯愁總怨尤。豪士競誇施紫障，美人閒步褪紅鉤。色空擾慮驚禪定，富貴平鋪遍野疇。金谷風流人似舊，綠珠何事墜樓頭。

二十七侵

摧朱墮粉日深沉，難駐陶公一寸陰。不惜興來常買醉，惟憐春去怯登臨。狂吟百出猶伸紙，好景無多已空林。青帝推恩知未厭，封姨妒色苦相侵。

二十八覃

相傳春色過山南，一望寒光映紫嵐。寇老官衙添燭淚，陶公膝舍改花庵。三春長日飄緗素，百種奇文秘帳函。惆悵仲文宜作賦，恰存枯樹立江覃。

二十九鹽

衣飄香蒨減穠纖，顰蹙西施失媆妗。彩勝迎風簪寶髻，輕紈射日撲珠簾。比紅媚弱凌霜刃，阿軟嬌酸到眼尖。傾國傾城值一笑，三千粉黛似無鹽。

三十咸

拂席昭華悲不遇，舞腰紅粉竟同芟。修夷二美今棲霧，許段諸姬又降凡。一度相看如解佩，幾番愛惜欲舒衫。閒敲佳句描春色，彩筆花翻映旭咸。

漬槻堂詩

轅里傅辰彤臣著

道經鹽山有懷公孫次卿

平津昔未遇，草澤牧豚豕。仗策說春秋，慷慨負大志。可恨輕薄兒，每逢笑欲死。對揚首殿廷，一日超倫次。宰相與侯封，直作固有視。三公崇儉德，布被矯朱紫。創館招俊乂，羅致天下士。武勇泊文章，量能備君使。武帝少良弼，獨公昭漢史。至今鹽山鄉，食邑存故址。當時笑者誰，盡庸妄人耳。寄語轅固生，莫譏公孫子。

過蒯通墓〔註1〕

淮陰遇漢高，君臣稱際會。築壇與推轂，隆禮越時輩。傳檄定三秦，用兵虜韓魏。勝趙下全燕，齊又屬封內。功高挾不賞，已自招疑忌。妄欲請假王，忽爾變初意。解衣與推食，安可忘大惠。時有蒯氏子，儁永恣文墨。時已非戰國，復欲逞游說。一旦詣韓庭，決其有奇貴。胡不正王心，而以相君背。緣茲存形跡，文致以其罪。未央鐘室下，終受蒯生累。為臣懷二心，犯者不終位。豈惟王不終，侯封亦失墜。一語赤人族，何如學緘默。

平原道中

荒徑一線寬，駑馬踐冰雪。羸體如木僵，西風揭衣冽。黃雲沒城頭，來往行人絕。亦有高樓子，長裾無門曳。平原訪督郵，督郵性似鐵。真成童子鴻，心不因人熱。

〔註1〕通州以蒯而名，猶章丘之以匡章也。

元旦寧津道中

歲易屬新正，猶走燕南路。疲騎策不前，雪深逼馬目。曉日射晴霞，瞳曨棲遠樹。遙睇景離離，疏梅隱茅屋。聲響自南來，隔村喧爆竹。急鼓起兒童，繁音震陵谷。京洛滯游子，令節遂相負。俗士愧風塵，高人快幽獨。

張晴峰年翁得雷琴知交咸贈以詩余亦續貂焉

自昔真文人，不能無所好。或欲擁萬卷，或思遊五嶽。寧可癖左氏，慎勿學和嶠。舉世尚繁聲，君獨求古調。忽得斷紋琴，重緹以為寶。去弦見淵明，復聞江貫道。據梧而弗彈，意致愈高妙。彈固和性情，不彈足寄傲。會值風清與月朗，野乾息靜絕塵想。入谷臨溪弄得三，手揮目送操無兩。秬心羊體自家知，何必更索俗人賞。十丈黑蛟破壁飛，一時齊令眾山響。

山右賈本沛施園作禪林歌

君不見王家法護稱名彥，能知身外皆虛幻。虎邱別業價千金，一朝施作琳宮院。又不見四明狂客有賀監，案頭胡餅將珠換。甲第連雲五畝宅，後來竟作千秋觀。忽童忽老戲登場，最上無如力為善。賈君豪爽起蒲東，太傅本支實大宗。典麗詞華追內翰，天姿幼慧比黃中。博覽鴻編推學府，著書盈尺見才豐。五世捐資周患難，百年施藥霍疲癃。囊篋餘錢隨手盡，遠勝千堆多粟翁。燕息名園七十里，披山絡谷宏無比。琪花放處帶山香，岑樓矗立連雲起。客座喧嘩酒溢尊，牙籤顛倒羅書史。數向參禪長道心，每因漱石存堅齒。頤真涵碧賞難周，經時領略遊人喜。緣斯自號巢雲叟，焚香伴月常相守。避俗耽閒世外人，山禽茂卉呼良友。得失榮枯已兩忘，何妨滑介柳生肘。林泉步步結繁華，曠觀一視為芻狗。考盤改易供旃檀，此謂達人空所有。

寄壽新泰宗玉厓父母

川四巴三地勢雄，峨眉錦江靈氣鐘。代產偉人皆國器，中有喬梓振清風。凌翁昔日官直指，繡衣來作乘驄使。遺澤去今三十年，二東猶自思君子。長公前歲來作吏，期月之間成至治。金銀夜氣見山川，鳶魚率性遊天地。操守堅冰玉不如，遇利必興害必除。節使交章呈薦牘，天子褒良下璽書。仙標姑射雲無偶，醉翁之意不在酒。百尺澄潭徹底清，廉泉洄酌為公壽。

題張致堂年兄亦樂園

幽徑闢三三，引流作灌長。洗心池水清，悅耳松風響。

其二

香結蟠龍篆，花低小鳳枝。下簾無一事，對酒與敲棋。

其三

起園傍雁峰，遠市背城郭。盛朝忍退閒，素性耽邱壑。

其四

架冊能醫俗，飛花可駐顏。何方求福地，只此是媊嬛。

己未嘉平雜詠

余昔承乏臺班，慮才不勝任，解組歸里。甘意食貧，身棲隴畝，分同郗鑒耕田；念在詩書，漫效郝隆曬腹，亦可以翱翔文囿矣。詎意兩年，雲漢為災，雹蟲交作，既無厚產，適當儉歲，拾蔡順之桑椹，嗟其非時；噲張堲之藘根，詫為盛饌。學問益疏，吟詠都廢，方且無唾可吐，何暇留心聲韻。然磊砢之懷，激而成響，不倫不次，無緒無端，得十有八首，書之左方。

亭亭幾樹榴，蕭蕭數竿竹。矯然兩不群，或疑是神物。

其二

李杜稱詩聖，江河萬古傳。人皆師子美，我意重青蓮。

其三

興來被酒歌，樂至持書舞。有蝶可作圖，無蟹堪為譜。

其四

荒穀匪其才，療饑時煮字。不妨據管城，慎勿過芻市。

其五

自吃紅綾餅，頻年常苦饑。腹充藜藋食，身掛薜蘿衣。

其六

招之不肯來，差不令人厭。柏公何為者，取重於汲黯。

其七

鶉結甘貧賤，鸞臺羞勢利。把臂陶淵明，分宗傅遊藝。

其八

適口稀兼味，全身賴不材。破愁千百卷，排悶兩三杯。

其九

並日飽一飧，沉靜如高座。幸得羊不來，菜園未踏破。

其十

古人恃硯田，心耕與舌織。近人愛金錢，乞文不潤筆。

十一

薄言招素心，共締林泉友。原不貪雞肋，何甘拜馬首。

十二

履酌隱之泉，難貸監河粟。琴上久無弦，欲鼓不成曲。

十三

意興寄丘壑，漱石流作枕。何須錢買山，隨在皆堪隱。

十四

昔賢奏一篇，腐毫與驚夢。怪我作詩浮，庭中少醋甕。

十五

鬚眉似戟張，面皮冷如削。不惹元規塵，風來何用卻。

十六

蠲稅與分賑，恩勤在小民。非關待士薄，不敢褻鄉紳。

十七

頻翻致富書，朗誦逐貧賦。瓣香擬送窮，情殷不肯去。

十八

一歲今朝盡，年除值日除。子雲心力倦，辜負滿床書。

庚申立春二首

葭管驗飛灰，魁罡已轉斗。尋春不見春，春在青青柳。

其二

欲使三彭去，律心不厭頻。三百八十日，日日守庚申。

舊滄州二首

四壁餘荒壘，春風鎮日吹。飛沙驚不落，塵上鐵狻猊。

其二

長阜隔煙水，輕雲淡夕陽。青回獨柳樹，花豔五龍堂。

重九

幸值重陽令節，久陰忽喜初晴。歡在一觴一詠，興來招鶴招鷹。

其二

南畝青禾方刈，東籬黃菊有華。已少王弘送酒，好尋靈徹烹茶。

聞同人誦御製詠馬詩恭和

來自天西瀚海旁，黃金堤上意迴翔。日中影耀飛龍苑，絕勝唐公兩驊騮。
卻馬皇風聞四旁，天閒神駟足翱翔。三公奉法皆廉潔，恥向諸侯假驊騮。

恭和御製獎鎮國將軍詩二絕句

奎章綿緲繼秋風，七札爭傳神臂弓。頗牧禁中知幾許，天潢麟定首稱雄。
鈞臺志欲戮防風，殪敵遙憑四尺弓。宸翰此時標技勇，凌煙他日畫英雄。

楊村早發

近渚人家盡蓽門，蕭然漁火起江村。繁霜徧地無行跡，細認羊腸路一痕。

宿慶雲縣

過卻鹽山復慶雲，人情冷暖暗中分。須知跨衛新來客，便是明刑舊使君。

海豐懷古

幾曲枯河遠曼延，車城無棣近相連。桑田滄海疊更變，賜履雄風尚宛然。

雄縣南關和難女李姓韻二首

自豔深閨墜馬妝，黑罡風起碎瓊璫。晉家烈女留遺恨，百尺高臺築望鄉。

天邊狂寇暫逋誅，竟使池魚枉受辜。寄語蕙心休怨悵，曾聞合浦有還珠。

安平鎮午餐主人請題壁以鐵硯供書感而成詠

桑公昔鑄作書田，忽睹儀型倍黯然。莫恃凌雲矜得意，曾將此物久磨穿。

存誠枉自說情田，往事回思但惋然。一出戶庭皆有礙，幾同圓枘與方穿。

霧中見琳宮

毒發蚩尤氣似蒸，馬頭人面綴寒冰。至今沙磧征途客，不及祇園暖閣僧。

題馮易齋先生萬柳園三絕

華圃蘭苕滿帝都，獨栽高柳接雲衢。夏來烈日垂清露，好助天家蔭喝夫。

回想家園菉竹新，冶源萬個被陽春。群材如簀思噓植，樹木因通於樹人。

揮毫彩筆傳京洛，調鼎勳猷紀太常。柳下靈椿知不老，他年兩地詠甘棠。

重九

雨後登臨縱所之，西風寒雁不勝悲。移時四顧無佳況，並少重陽一句詩。

王舍店和萬里女郎韻

驛亭鈴柝轉驚眠，起對孤燈意黯然。愁煞蛩聲雕綠鬢，故將螢語絮青年。

用貼上年兄韻再賦

弄玉風流並後前，容華搖落意凄然。旅亭殘雪銷魂處，剩有佳詩似小娟。

途中大雪二絕

匹馬蕭蕭似去春，銀河點鬢影隨身。誰知賦奏長楊後，猶是綈袍不暖人。

白華三尺覆黃塵，灌莽煙荒莫問津。披面西風寒徹骨，十重鐵甲是何人。

和和會稽女子詩蘭雪三首

羅衫風急積輕塵，弱影便娟伴客身。情引一絲抽不盡，鳥啼花落怨芳春。
一自從征賦遠遊，吳山越水兩悠悠。故鄉屈指三千里，夢斷西陵古渡頭。
無那柔腸謾語誰，毫端如訴寄深悲。憐卿旅館傷心句，許伯多情亦淚垂。

琉璃河和長沙俘女王素音韻

血淚應知變素巾，那堪綠鬢撲黃塵。猿聲空自啼三峽，雁字無憑寄六親。
荼心枉痛奈何天，惆悵情同賦百泉。水溢湘江添舊恨，楚山花木怨啼鵑。

廣川道中看貼上兄健兒射雉一

停雪如潮淨不波，雉飛爭似一拳多。角弓霹靂鷗聲急，勝氣平吞曳落河。

代人答于賓唐

一從薄命賦歸與，鬢髮光消冷佩珠。莫怪郎君情性劣，于家舊有黑心符。

再和貼上韻

道傍故壘跨連營，積雪侵雲勢欲平。莫笑角巾無武略，禁中頗牧是書生。

柳枝詞

水邊柳拂賽公橋，橋上行人折柳條。無限離情橋上起，不聽三疊亦魂銷。
曾向靈和見幾枝，欲同靜婉斗腰肢。由來楊柳牽人意，一朵柔情百丈絲。
顫動微風似步搖，舞來無力殢人嬌。青青嫩葉過眉嫵，京兆多情照樣描。
陶家門前金線柳，金城堤畔繫人情。王恭張緒知誰似，搖曳春風百媚生。

再過穆陵關

半年兩度穆陵關，萬仞層巒欲一攀。絕頂想能通帝座，置身霄漢看人間。
天意從來勒富貴，人情到底愛功名。雖然一字千金重，不戴烏紗祇覺輕。
屢向公庭送未休，想應心緒欠風流。若言三嫁為貞烈，何不於家歷百秋。

初入都門二首

回想蘭臺聚，於今二十年。心清思近道，性鈍不參禪。猶覺琴書樂，未諳
博弈賢。客中無一事，重賦帝京篇。

其二

一自盟鷗鷺，參酬意久疏。明農甘野笠，待詔愧公車。澆磊仍沽酒，耽閒懶著書。豫章雖捧檄，何事強題輿。

過通州

東接榆關險，茲州獨擅名。鱗居依廣廈，環結見連城。河達天家貢，材充王國楨。股肱稱大郡，藉爾輔神京。

涿州道中偶成

鎮日征途裏，惟歌行路難。雪深侵馬腹，路澀滯河干。蓬戶擬投止，襲衣未破寒。邇來風日好，知是近長安。

德平道中

愚拙同鳩侶，往來似雁臣。飛霜依短鬢，冰淖阻征輪。寒勝時親火，途迷屢問津。勞勞堪自慰，返轡是陽春。

大霧早發白溝河

大霧連三日，盈眸望不賒。長途迷雪徑，短鬢點霜華。行失賢王里，雲黯處士家。空濛人不見，饑噪聽林鴉。

雪中寒甚口占

長日雪中過，須冰凍不呵。嚴霜飛玉霰，冬令勝金科。買醉囊錢少，思鄉夜夢多。敵寒空有句，無處撥陰何。

至青城

已喜家山近，難忘道路長。力疲呼白墮，夢覺問黃粱。早起聽更漏，疾行趁月光。停雲知不散，為我護寒霜。

白溝河步壁間高念東先生韻

僕僕長安道，頻來意不賒。路長催日影，雪霽近年華。澆凍茶為酒，停驂客是家。迎頭風勢惡，馬上似寒鴉。

寧津贈居停主人

七十年中事，惟知對酒杯。德行稱有覺，胸次似無懷。麟趾推英物，鳳毛

況異材。祝君多壽考，從此樂康哉。

穆陵關

穆陵勝概自齊傳，賜履雄風尚宛然。一線沙堤分赤道，四圍山色接青天。日光西下風如轉，雲氣東垂海欲連。誰使宋公過峴口，因教廣固作平田。

壽雨臣弟

春陽賦就重清泉，梧掖直聲日下傳。封事積誠能悟主，昌言異入足回天。久諳石透長生訣，已脫雲黃文字禪。慢道千齡為誕語，吾家原自有神仙。

春郊

晴郊暖日影遲遲，應接鶯花日幾移。浮浪細生煙縷縠，微風輕裊曲塵絲。桃蹊邀勝成三徑，杏蕊含香見一枝。最是平原經雨後，多情芳草正離披。

祝暢然耿公八十五歲

姜公姓字注丹臺，桃實累累見幾回。論道懸知追鬻子，行年已喜過如來。金魚池快松風夢，火棗筵呈醼醵杯。多事安期求海上，閻浮隨地有蓬萊。

閨情

蘭心不解說相思，學作楚囚怨別離。膽怯強拈逐影對，病餘空負有情癡。鴨爐香爐消寒被，螺黛塵封淡遠眉。書就幾番還自碎，近愁且莫教郎知。

獻縣道中

平林十里望中留，四野嵐光暮未收。廣漠風寒吹雪盡，滹沱水急帶冰流。衣冠南至占王會，劍佩西征續壯遊。形勝無煩誇百二，連城直北接瀛洲。

擬秋日經筵應制

玉露金風麗井干，未央廣殿列衣冠。筵前豎義同松塵，臣下橫經比杏壇。姬後拜書師尚父，殷宗舊學憶甘盤。虛心實腹昔賢事，況是天廚廩大官。

大內牡丹二月盛開恭賦二律

纈紅嫣素自丹延，不愧昔人賦四妍。競勝甘居梅蕊後，冠芳開在杏花前。籠煙群下兼金蝶，映日名高瑞露蟬。價重長安非近玩，衹應文鹿供諸天。

春風妝點錦雲霞，護惜輕寒覆絳紗。淑景奇姿移禁苑，蓬門貴植到天家。鳳頭驛貢呈仙質，駝褐香深應物華。洛下名園千百種，化工著意上陽花。

天津之南皆河間屬邑途中屢有問余為誰者作此

少逐名場老漸休，久拚友鹿與盟鷗。曹劉姓字人皆識，李杜文章我未優。循吏傳中慚政績，驛亭壁上有題留。勞叨何用頻相問，瀛海昔年是舊遊。〔註2〕

再北上口占

緇塵裊裊點征衣，如雁臨期又北飛。採望久知稱小草，方行即合寄當歸。苦吟對景詩思闊，寒氣逼人酒力微。鷗鳥不驚遊陸海，止緣身世兩忘機。

武定道中懷李鄞園同年〔註3〕

車中續夢轉相疑，人倦途長日暑移。卻凍頻傾桑落酒，停驂尚誦杜陵詩。材呈輪囷斤難削，少賦輕狂老未醫。鄭重先生天下士，歲寒不替見交知。

陽信邸中〔註4〕

雨餘披面朔風涼，屈指京華道路長。七誨才名虛北地，三冬文史讓東方。茗茶飲後知茶茗，陽信閒中憶信陽。漫說筆耕多得力，硯田今日已成荒。

送謝方山歸里

衣冠華胄說陳留，相國家聲望更優。成佛妙論驚四座，問天佳句足千秋。謝庭自古多才子，比部由來盡盛流。莫向東山耽洛詠，蒼生屬意過前修。

祝馮易齋先生

道氣宜人比蕙蘭，每親文雅右貞寒。九天仰贊惟寬大，六相和衷底治安。彥國分庭能抗禮，萊公對客若無官。莫看折節為常事，宰執勞謙振古難。

送雷笏山令泌陽

百斛龍文筆可扛，絕勝蛩響伴吟窗。已垂銀艾征三異，重綰銅符寄一邦。潔己清風新泌水，均田良法舊吳江。利民善政知何盡，畛野先開四十雙。

〔註2〕先生曾司李河間。
〔註3〕鄞園諱之芳，壬午鄉舉。
〔註4〕陽信，即古厭次。東方朔，厭次人，此地也。

贈徐東癡隱士

遁跡漁樵避世榮，祇因名盛復逃名。閒從坡老償詩債，計仿陳家按酒兵。東國德星輝里社，南州高士動公卿。有徐先後皆才子，好向騷壇續舊聲。

送吳五厓同年督學中州

洛陽蓊士頌吳公，復有吳公起皖中。一代文章推巨手，兩傳衣缽變齊風。冰心映玉知誰及，崧岳題詩意自雄。先後程材皆國器，廟堂他日慶登庸。

送桑雨嵐同年視學山左

幾年典禮志惟寅，重向三齊拔異倫。適體佳名留鳳尾，點睛多士躍龍津。磨穿鐵硯同前哲，榮縮金章豔後塵。欲使文宗聲價重，濟南昔有李于鱗。

賦得漏泄春光有柳條

誰向枝頭點碎萍，柔絲披拂意亭亭。旌功歎未同秦將，寄信驚傳到客星。一帶浮煙添水綠，數株貼岸掩樓青。染衣自屬他年事，九烈於今應有靈。

拜賜後成詠

青皋遁跡久無聞，捧檄重來作聘君。拜賜欲同甄博士，受訶羞說李將軍。俗麗終少詩書氣，性野猶懷麋鹿群。鶴怨猿驚知不免，山靈從此又移文。

寄壽王端士年兄十二韻

近代推名族，諸王首太倉。五侯同漢雉，七葉比金張。軒冕傳珂裏，衣冠豔士鄉。道心旌白水，世系繼青箱。身已登龍虎，兒能作鳳凰。驚人猶榖玉，觸目盡琳琅。佳什追摩詰，高風挹彥方。九龍知競爽，五桂自尋常。未試經綸手，空餘錦繡腸。芝眉瞻嶽嶽，器度見汪汪。耽樂林泉久，承歡日月長。松喬綿永壽，何俟祝康強。

贈維那明道

但得俗情盡，何妨著紫衣。色從空裏沒，聲自靜中稀。禮釋欽三寶，規儒絕四非。珠光知有象，覺路已無違。飛錫占蘭若，流泉洗道機。吾桓多隱士，從此好皈依。

伍硯堂近詩美芹

轅里傅辰彤臣著

美芹詩自序

　　歲丁巳，月建在酉，公稅將完，私心自喜，次《載酒堂》韻，得近體二十四首。信筆箋注，亦偶然為之耳，非作意也。適客見而微哂曰：「此詩詎須蛇足耶？鉛槧者流欲有所撰述表見於世，廣徵奧僻典故，慮人不解，因下注腳，猶六爻之有略，四始之有細也。公詩所引悉尋常事，不但文士無疑義，即婦孺亦皆洞曉焉，用注以滋蔓也。」余應之曰：是則然矣，而未盡也。凡人之情，遠析秋毫，嘗近躓於巨木，固陋無論已。每見涉獵之家，習而不察，盡有目所屢經，乍睹反覺茫昧。昔南唐程士有舉子問主司堯舜是一人還是兩人，主司謔之。這疑難故事不用，亦可古今傳作笑端。不寧惟是，張嘉貞為唐名相，疑班孟堅一代著作名手，昭明不錄其文，或對以典引，大駭是班固之作，與孟堅何涉。人以其官尊也，不敢顯證其失，如披弄獐書，腹為之議。然猶謂尚吏，非尚文者也。董北苑云：劉景升為書家祖師，鍾繇、胡昭從而受學，以墨妙名天下。胡瘦鍾肥，遂分兩派。董不細考，原無足較。楊用修博學，為有明之冠，亦信而詡為佳事。不知善書者乃劉德升，字君嗣，非景升也。張既區一人為二人，董與楊又合兩人為一人。若為可笑，前之笑彼者，復移而笑此，展轉捧腹，終無已時。此藝苑雌黃，史乘考誤，正楊學山《新錄》紛紛所自起也。蓋冠張於李，空疏固然，執根為銀，雖淹通有所不免。余幸確知堯、舜為二人，不敢自秘，由是告於天壤間，曰：我曾讀過《尚書》《論語》，堯、舜的係兩人。使疑堯、舜並不知有堯、舜者，一旦聆吾之論，

相悅以解，風渙冰融，從此好學深思，悟禹、湯、文、武皆為兩人，則發覆也宏多矣，斯注也將有去之而不能者。

康熙十六年中秋日麗農山人傅辰彤臣書。

讀高念東先生《載酒堂詩》，一皆大雅之音，不尚纖麗，洵近日聲律家指南也。心焉慕之，敬步其韻

時從優缽問曇花，不向莊生論有涯。千里鶴觴白墮酒，一鐺蟹眼紫茸茶。居山避俗存真氣，對景題詩冠作家。淄水伊人堪北面，耽情丘壑忘榮華。〔註1〕

園名獨樂傍回塘，不禁遊人仰末光。顧曲有時調雁柱，忘機逐日趁鷗行。繞垣如畫山連屋，負郭成叢柳抱莊。我欲養生無善計，步塵載酒是良方。〔註2〕

諸公《載酒堂》唱和，於押韻競新標異，探二酉之遠藏，搜七瑛之秘籙，亦云盡矣。唐濟老獨出奇思，至四十首，正如海濤萬狀。先生移我情也，敬服之餘，又成二律

才同江夢筆生花，繼續詩瓢未有涯。心既榮分西苑果，頭綱頻賜大官茶。齋名玉立通三徑，錄號飴經列九家。藤帽棕鞋今晦跡，論思昔日重金華。〔註3〕

霖雨陰陰水滿塘，賴君學日發天光。驚人珠玉詩千首，惠我瓊瑤字數行。藥石昌言同魯仲，逍遙高寄比蒙莊。律公近代人何似，直諒追蹤岳季方。〔註4〕

次前韻贈房子明孝廉

壁上龍蛇燦墨花，詞場聲價過崔涯。縱談元理常揮麈，遞品山泉屢試茶。種竹載花真韻事，讀騷劇飲即名家。甕堂自此逢知己，正類青蓮對九華。〔註5〕

文似銀河瀉練塘，干霄劍氣與珠光。五車久屬胸襟物，兩序皆班弟子行。姓望已推君子裏，囊空未買相公莊。齊都賦就無人問，貴重由來讓孔方。〔註6〕

〔註1〕念老文章行誼，為朝野推重，難進易退，士林比之張希孟。庾信詩「索索無真氣」。

〔註2〕唐崔塗詩「竹樹隱回塘」。

〔註3〕玉立齋、飴經錄，俱唐姓事。黃山谷詩「藤帽棕鞋稱老夫」。

〔註4〕濟武因穀賤銀貴，難於辦稅，著錢法議，酌古宜今，救時石畫也，惜不獲見諸施行。蘇庠詞「屬玉雙飛水滿塘」。庠，宋之高士，即不忍販賣雲壑者也。

〔註5〕崔涯客淮南，任俠，專以詩軒輊青樓。

〔註6〕子明司鐸般陽，兼攝余邑廣文篆，故有「兩邑班弟子」之語。左太沖先賦《齊都》，人不知重，復著《三都賦》，求元晏作序，遂貴洛陽之紙，乃知古來賞鑒家皆循名耳。

借前韻述懷

逃名不羨雛如花,志在山椒並水涯。良友來頻時共席,高僧談後評分茶。
拈題練句償詩債,待貴還錢負酒家。耕耨餘閒何處用,床頭周易與南華。〔註7〕

魯連陂上住寒塘,徵貴無緣發額光。漁父久參鷗鷺隊,曲生近結弟兄行。
觀文弗逮擬焚硯,辦稅難前欲棄莊。閫外將軍皆國士,立望仗鉞定蠻方。〔註8〕

睡起再疊前韻

閒傾家釀對榴花,澤畔因循守舊涯。入寺饌來供薤葉,效蘇客至煮薑茶。
說經我愧皋比座,立傳人嘲賣餅家。誰謂清泉能作賦,筆端老去少風華。〔註9〕

夜坐蒹葭秋水塘,恥同魑魅兩爭光。壺觴獨喜親三雅,典故全忘載幾行。
盛世樸淳還太古,城居寥落讓村莊。華胥久失雙門譜,重向希夷乞睡方。〔註10〕

秋日即事再次前韻

芝田學步種衢花,遙望塵俗隔兩涯。侯白解頤能作謔,樵青止渴命煎茶。
扶筇愛入煙蘿徑,涉筆虞流小說家。詩賦雖多無好句,愧教文苑選英華。〔註11〕

東鄰鐵嶺北湖塘,寒暑常披日月光。天地無情為逆旅,隱淪有約締班行。
追呼接跡催租賦,清淨何心跂老莊。聞說仙家能濟困,旌陽偏吝點金方。〔註12〕

陰雨三朝,既少徵呼之煩,亦絕塵俗之擾,不覺樂甚。連飲數觥,立成四首

豪侈直如日及花,冰山氣勢鄙王涯。膽剛屢乞三升酒,喉急時傾七碗茶。
汲古留心擅學府,課農信步到田家。燕居無事隆虛貴,不慕通侯鄧仲華。〔註13〕

擇勝潢東築小塘,羊裘垂釣效嚴光。安貧我守蓬茅屋,謁貴誰齊槐柳行。
曾怪按圖徵駿馬,應嗤照樣買山莊。藝蔬負米稱能養,省卻馳驅志四方。〔註14〕

〔註7〕潘璋每飲於酒家,輒云「待貴還錢」。
〔註8〕魯連陂在余邑錦秋湖中,即仲連折辛垣衍後遁跡處。劉長卿詩「家在寒塘獨掩扉」。又元田遜詩「半歌斜影入寒塘」。
〔註9〕鍾元常不喜《公羊》,詆之為賣餅家。
〔註10〕李山甫詩「城市□□村□胥雙門劉垂範戲冠朝」一語。
〔註11〕王介甫詩云「為尋陳跡入煙蘿」。
〔註12〕鐵山在余邑東鄙。南燕立鐵冶局,此後不產鐵。考亭云:「淵明之學,出於老莊。」
〔註13〕晉閭丘沖以德見重於世,時人目為虛貴。雖滿武秋輩,未或先之。
〔註14〕馬高唐官御史大夫,欲市山莊。畫圖示僕曰:「照此樣買之。」見《劉賓客集》。

不賦閒情不看花，量晴較雨是生涯。冰心一任聽嘔語，荼口何妨吃苦茶。送後便忘人作郡，老來真覺道為家。就明每慮陽光短，欲倩揮戈轉日華。〔註15〕

　　雙柑斗酒向林塘，再貰無錢質步光。龍性何能親狗監，鹿遊久已忘鶵行。凡庸懼類羊彭祖，博雅情殷劉綺莊。自揣生平多冷峭，補偏宜餌陟釐方。〔註16〕

暇日與友人李錦秋晤對，言少壯輕過，已入老境，貧病交侵，毫無佳況。撫今追昔，又成二律

　　意樹空開智慧花，黑霾前路渺無涯。睡魔誤用書為枕，腹滯因令麥點茶。教子臨文多率筆，明經箋注遜專家。勞心勞力知何許，坐使吳鹽染鬢華。〔註17〕

　　近學劉生隱漫塘，時隨武子趁螢光。才疏漸欲趨三易，年少虛傳下五行。垂橐內無泉貨積，及門原少美田莊。俗醫不解醫貧病，仰望特頒聖惠方。〔註18〕

東郊明農用前韻效邵堯夫體

　　穀登蕎麥又成花，極目平疇盡遠涯。綠踐苔痕騎代步，紅垂林樹棗為茶。環山曲水愚公穀，對宇望衡處士家。名教於中尋樂地，有錢難買是年華。〔註19〕

　　乘興時來捍水塘，木涵雲影帶山光。每思結伴煙霞窟，隱恥交遊市井行。立念不宜偏好惡，待人何必盡矜莊。閒雲流水無凝滯，確是存心處世方。〔註20〕

北村田禾盡為河決漂沒，司農時方仰屋，不敢告災也，詩以紀之

　　風激層波滾浪花，茫茫彌望少津涯。熊羆需餉難蠲賦，桑柘全枯枉去茶。百畝盡皆摧五穀，一村真是剩三家。私逋公稅交相迫，懸磬何憑度歲華。〔註21〕

　　袁水新堤似半塘，橫流蕩漾接湖光。舟梁渡競迷排岸，阡陌波深失段行。平陸盡為垂釣渚，細民忽賜養魚莊。青丘鼓枻多賢者，好詠懷人水一方。〔註22〕

〔註15〕唐陳子昂詩「寂寞道為家」。宋張橫浦，至老猶就明讀書。

〔註16〕綺莊，唐宣宗時人，積書博學，採摭事類五十萬言上之朝。白敏中、韋琮、崔元式，重為益友。「陟釐方」，陸倕懷友句。

〔註17〕昭明太子詩「意樹發空花」。

〔註18〕宋劉宰隱漫塘，因以為號。太平興國中，天下多疫，頒《聖惠方》一百卷於諸路。

〔註19〕白樂天詩「月明蕎麥花如雪」。金王良臣詩「蕎花舟舟蜜脾香」。蕎麥花，絕妙田家詩料。余所見者，有此兩公，因起東施之慕。

〔註20〕唐宋清，居市恥為市行。劉宋袁景倩，持己待人，必以矜莊。

〔註21〕梁朱超詩「風憤浪生花」。

〔註22〕孝婦河即古袁水，見酈道元《水經注》。《宋史》理宗賜宰相鄭清之第於養魚莊。

終次前韻戲為俳體

匼影潛身比落花，春明好夢隔天涯。甕因頻酌稀餘釀，食未朝湌忌早茶。
曬褌何庸多北阮，效顰原不累西家。填詞度曲三千首，謬欲齊名李伯華。〔註23〕

佳思生疏春草塘，花晨月夕負年光。抽簪業已辭官位，戴笠誰能憶輩行。
寂寞竟同揚子宅，荒蕪不但陸公莊。讀書莫被陶朱誤，致富從來少驗方。〔註24〕

〔註23〕李伯華名開先，章丘人，官太僕卿，作《寶劍記》，膾炙人口。與同邑袁崇冕
　　　　西野、益都馮惟敏海㲋，俱以詞曲擅名嘉隆間。
〔註24〕唐劉滄詩「青山同喜惜年光」。宋劉概詩「讀書誤人四十年」。拙作方就，友人
　　　　王禮吉適至。閱畢，謂余曰：「美田陸公，總屬一事，今使之兩處，得無巧於
　　　　用短乎？」余曰：「美莊三十處，崔武城自謂也。陸氏一莊荒，其夫人謂敬輿
　　　　也。前是崔家莊，後是陸家莊，確為二事，何妨兩用。」禮吉笑曰：「文部已
　　　　薄待舉主，兄復強為分析，恐離間師生之罪，又浮於崔群矣。」相對絕倒，此
　　　　謔頗雅，附識末簡。

柳枝詞

新城傳展彤臣著

　　戊午春，皇上盛德日新，典學益茂，特沛溫綸，思得公孫僑、張安世、顏師古、陳彭年、楊慎其人者，以備顧問，內外臣鄰，競相汲引。余譾劣無似，亦列薦剡，隨眾待詔金馬門。至九月，以觀光之期尚遠，疾馳南下，定省慈闈。維時氣肅天高，塗長人倦，磊落之心，悉化不同。宋玉悲秋，宮商之意常存，欲效長卿託物，見河干茂柳十餘株，點額分黃，臨池凝碧，豐神綽約，類逸世之佳人；體貌輕盈，比仙標於姑射。半煙半雨，猶自妖韶；映杏映桃，久甘寂寞。影搖千尺，雖蒙坡老之譏；日記三眠，宜豔侯鯖之錄。才偉短線，賦遜長楊，聊步香山夢得之後塵云爾。

　　東野留情賦四妍，如何遺落柳嬋娟。近看風韻宜人處，玉立亭亭倍可憐。
灞橋橋畔美人居，慧性能為倒薤書。一睹靚容頻問訊，十眉新樣近何如。
絕代容華照眼明，幾年聲價重金城。誰言青鬢垂垂老，一到臨風百媚生。
情多不解惜容肌，心血為郎染綠衣。怪得楚王誇第一，腰身量去只三圍。
金縷纖腰瑟瑟裙，時從薝蔔借餘芬。河東姊妹盤龍髻，爭向章臺鬬綠雲。
浥露零薄半未乾，日高猶自怯輕寒。連錢驄馬驕嘶過，青眼樓頭帶笑看。
秋來風度轉苗條，十里低垂掩畫橋。結綠贈投如有意，客魂一縷聽卿銷。
殘照芙蓉溢頰紅，珊珊骨節玉瓏璁。幾番擲倒嬌無力，披拂偏宜少女風。
同心帶縐畫雙蛾，重向隋宮點黛螺。舞罷含情知體倦，嬌鶯代唱雪兒歌。
細雨斜風鬢欲星，薄施膏沐傍旗亭。青娘半老風情在，擬合終身號小青。

　　余感物興懷，成柳枝詞十闋。或咎綺語與大雅相背者，懲是之故，復作十首。

三絕曾聞出鳳州，而今移置大堤頭。棘門灞上同兒戲，胙土宜封細柳侯。
如縷千條盡向西，蕭森高出與雲齊。風流京兆思張敞，走馬東臺路已迷。
垂金小篆不曾訛，葉葉披文撇與波。截柳編蒲無用處，祇傳新樣似元和。
靈和前殿見丰姿，成薛耽情寫豔詞。九月受風秋色裏，冶遊心醉曲塵絲。
拂堤又復映征帆，穎出干霄正不凡。薄暮一番微雨後，江州司馬濕青衫。
遙天清露洗塵氛，碧落飛翔十賚文。慢詫昇天得門戶，通明久已睹青雲。
黑獺當年奮短戈，高歡一局竟全輸。凱旋歌戰城南曲，人向通衢種一株。
酆侯火迫作宗臣，群向梁王譽斫輪。席地幕天稱韻事，鼓排鍛鐵待文人。
行就東門賦葉牂，絲絲拂地一何長。鬱茆遙望同羊棗，如蓋為誰更發祥。
疊翠環青立遠汀，憐卿真是好儀形。從茲往復長安道，定有奇光應列星。

轅轍吟

〔清〕新城傅宸撰

點校說明

　　《轅轍吟》一卷，清鈔本，佚名錄清龔玉汀、朱熙芝批，山東省圖書館藏。《轅轍吟》所收詩歌多見於《話雨山房詩草》。《話雨山房詩草》分上下二卷，卷端題「蘭生待定稿」，山東省圖書館藏稿本。「話雨」取自唐李商隱《夜雨寄北》「何當共剪西窗燭，卻話巴山夜雨時」。清人以「話雨」名室者甚夥，寓有朋友敘舊之意。《話雨山房詩草》題材以紀遊述懷、詠史懷古為主，詩風多樣，語言清逸，頗具古調。《轅轍吟》亦有《話雨山房詩草》稿本未收詩補錄其內，以紀遊、詠物為主。龔、朱二人對傅晨詩作的批註簡練精當，認為其詩風頗近於唐人。

　　此次點校整理，以山東省圖書館藏清鈔本《轅轍吟》為底本，以山東省圖書館藏稿本《話雨山房詩草》為參校本，兩書重複詩歌八十首，今依清鈔本《轅轍吟》，將稿本《話雨山房詩草》重複者刪去不錄。底本中的異體字、避諱字徑改回本字，不再出校。詩集原注均以腳注形式呈現。限於點校者的學識，龔、朱二人批註不在點校範圍之內。書中難免存在錯訛之處，還請專家學者批評指正。

尹勇力

二〇二四年元旦於山東理工大學

轅轍吟

採蘭曲

上山採芳蘭，芳蘭秀可餐。下山逢君子，君子發長歎。為問君子意，豈怯秋風寒。所悲在遲暮，芳蘭易雕殘。

雕殘在何處，乃在澗水湄。蘭花雖萎謝，蘭葉猶紛披。不入君子室，而伍眾草為。珍重慰君子，莫唱離騷辭。

離騷辭云何，當哭聊狂歌。願言思君子，澧水空復波。採蘭不能贈，長嘯秋風多。把蘭無與語，淚下如懸河。

懸河去如駛，歲華焉足恃。獨立空谷閒，芳蘭茂如彼。露滋根益繁，霜披葉轉起。守此孤芳心，藉以慰君子。

困關閒眺〔註1〕

貪看溪山興不窮，閒行直過野橋東。蘆汀一縷炊煙起，知有漁家泊釣篷。

溪橋

煙柳綠絲絲，溪橋欲暮時。水搖星一串，雲破月雙規。浪暖魚須覺，春歸燕剪知。閒行多信足，興至不知疲。

延平舟中

天涯誰為勸銜杯，帶得春光客裏來。流水無情催槳斷，落花有恨點蒼苔。山雲下接孤城晚，溪路中分兩派開。風景盡供詩料好，卻憐覓句少仙才。

〔註1〕困關閒眺，稿本作「溪橋晚望」。

上灘行

東風吹水寒冰裂，外溪內溪路轉折。舟子語我上灘行，水怪犀象森成列。初疑為真後乃假，怒牙張口當隙罅。天工毋乃太好奇，水府之遊此其亞。奔濤齊赴萬竅鳴，輕舟乃欲逆之行。篙工努力柂師怒，竹縴橫牽性命爭。東衝西突如突陣，鍪弧先登眾繼進。人聲水聲雜喧豗，萬馬奔騰山嶽震。千舟頃刻破重圍，神定猶教汗雨飛。斷槳動搖水花起，寒波婉晚日光微。天際回看駭心目，洪流於此一縛束。日暮沙頭舟獨停，鷺鷥飛破春煙綠。

溪灘雜詩

溪灘風景復何如，終日山光映讀書。隔岸人家流水外，孤城燈火上潮初。野塘新築堰新修，寒瀨都教緩緩流。如此溪行信奇絕，鏡光影裏掉孤舟。水鷗相見亦忘機，振羽梳翎立釣磯。知汝定欣供口腹，河豚欲上鱺魚肥。相逢多半是歸舟，上瀨船偏挽不休。溪水也知人惜別，滔滔倒向故鄉流。

五顯嶺

誰喚征夫起著鞭，亂禽啼碎萬山煙。嵌空殿閣臨無地，夾道松篁寫漏天。春水半畬人覓句，茶煙一榻客參禪。老僧勸共閒雲住，為結蓮臺半日緣。

仙霞嶺

絕磴碧雲閒，凌晨費躋攀。殘星疑在水，曉月欲沉山。過客紛來往，山僧鎮自閒。日高憩禪榻，塵慮暫教刪。

萬竹森然立，無風靜不嘩。危岩驚墮馬，石磴訝盤蛇。澗戶生春水，神龕供野花。山風如指引，步步躡丹霞。

浦城道中

幾叢茅屋鎖煙霞，屋後遙通一徑斜。夾岸好花紅的爍，參天密樹翠交加。夕陽村社家家酒，春雨溪山處處茶。羨煞郵亭題句者，新詩滿壁盡籠紗。

山行五首

石磴蟠雲路不平，筍輿欹側勢將傾。盤旋直入空中去，人在峰巔樹杪行。蕭然過雨淨塵襟，水漲前溪幾尺深。天為行人開眼界，一峰晴閒一峰陰。竹筒分水噴寒煙，直覺雲中懸一線。行到前峰回首望，人家更隔翠微巔。

清曉煙霾鬱不開，崖前立馬獨徘徊。行人一一穿雲出，纔覺身從高處來。
丹山碧水好風光，門戶森嚴限一方。流水無情催北去，悠悠從此別家鄉。

嚴陵釣臺

日暮子陵灘，高風欲繼難。不知天子貴，猶是故人歡。身世漁竿老，江湖水煙寬。淮陰臺下路，嗚咽碧波寒。

錢塘江

三月行人慘不驕，東風亂卷雨蕭蕭。錢王舊跡銷強弩，胥種餘威化怒潮。沙岸遠驚層塔矗，海天遙見萬帆飄。寒塘百丈空江晚，懷古傷春兩寂寥。

吳門賦別

銀燈如海花如雪，偏向天涯照離別。紅愁綠慘何紛然，正是江南好時節。可憐無情是雙槳，晴川一望平如掌。片影遙隨江月行，閒愁暗逐江潮長。江潮灩灩長情波，如此良宵喚奈何。莫向尊前歌一曲，淚痕更比酒痕多。酒痕錯落珍珠淚，席地幕天拚一醉。春光隨處惹相思，老天不管人憔悴。

淮河舟中二首

雙槳清淮水，孤帆野岸風。月明煙更重，人語小□中。
江雨正瀟瀟，江頭長暮潮。舟移知岸沒，卻泊向溪橋。

垓下

成敗尋常耳，何須恨不平。美人長不死，駿馬想如生。慷慨扛秦鼎，悲歌雜楚聲。只今垓下路，不見漢家營。

山行遇雨

筍輿十日行，苦旱逼炎燠。一雨望山林，翛然淨新沐。人家竹接泉，老僧雲滿屋。子規惜殘春，啼破山煙綠。

清江道中

笑指征帆一夕風，南船北馬太匆匆。過江山色留人醉，弔古濤聲入座雄。得句無端驚婦豎，銜杯何暇問窮通。關心故國春歸盡，客路花枝照眼紅。
纔辭雙楫又征驂，莽莽塵沙撲醉顏。車似舟搖頻簸蕩，輪如腸轉幾迴環。蒼茫天地皆無色，隱約煙雲似有山。何似故園行路好，小藍輿指翠微間。

山行

山行長日怯驕陽，幾度搖鞭趁早涼。一陣好風吹夢醒，五更殘月棗花香。

到濟南作

時仲兄以縣令需次會垣

歷盡山程與水郵，蕭蕭行李一囊秋。遠遊便似還家日，骨肉燈前語不休。

趵突泉

蓬壺縹緲接仙壇，平地旋驚湧急湍。雪浪翻空蒼海竭，玉龍噴沫碧天寒。由來造化憎雕刻，始信人工亦大觀。笑我平生泉石癖，夕陽西下尚憑欄。

明湖四首

鐵公祠

第一湖山第一流，我瞻遺像每遲留。經過獨攬滄浪趣，真賞偏憐臺榭幽。港窄波光平似鏡，雨餘花氣淨於秋。靈旗蕭蕭香煙繞，知有忠魂在上頭。

北極閣

嵯峨傑閣畫雲根，登眺蒼茫日又昏。城郭周遮湖上路，人家錯落水邊村。龍蛇畫壁鱗鬐古，濃柏參天骨幹尊。卻笑我來緣底事，一天風雨助詩魂。

匯泉寺

伊誰結構好林泉，更為禪宗闢數椽。輕雨輕煙堤上柳，湖花湖草鏡中天。芰荷著意圍香國，鷗鷺忘機結淨緣。長憶小西湖畔路，故園梵剎別經年。

古歷亭

鼓棹清波任去留，亭臺小小綠陰稠。鳥聲細聽嬌還脆，山翠遙看潤欲流。四座觴飛名士酒，千荷香簇美人舟。可憐多少題詩者，曾繼當年杜老不。

千佛山　庚戌

登高愛清曠，坐久欲忘歸。一盤冷秋月，孤城淡夕暉。癡雲當檻宿，鶩鳥貼天飛。惆悵參千佛，題名舊事非。

採樵圖與蕭子穆卿同賦

附葛攀蘿一徑斜，滿衣簌簌著松花。忽經雨過葉都濕，獨坐山頭看暮霞。

秋晚再遊明湖

湖水漾晴空，舟行入鏡中。晚煙飛白鷺，秋色飽丹楓。花底浮嵐現，城陰小徑通。淹留長竟日，殘照隔林紅。

送從兄硯卿南歸　丙午

良宵幾共讀書缸，短笛新調故國腔。萬里風雲低去雁，一溪煙雨漲征艭。官惟耐冷才應斂，人是分飛淚自雙。四十功名猶未晚，莫耽首蓿臥滄江。

將陵秋感

王粲悲如許，秋風昨夜生。斜陽橫古道，落葉滿孤城。草色多無賴，蟲聲底不平。茫茫幽思發，村釀為頻傾。

擬古感遇

南山有好鳥，文采與眾殊。偶然遂遊息，斂翮棲庭梧。弋人苦不諒，矰繳紛將趨。藉非凌風翼，幾莫保其軀。以此觀物變，感歎空踟躕。匣底雙寶劍，懷中徑寸珠。遭時宜見重，而乃辱泥塗。人生急瑣屑，得毋非遠圖。窮達有至理，聊用見真吾。

灼灼桃與李，婉孌含春姿。毋為競顏色，春風能幾時。君看後凋松，直幹無旁枝。拂雲千尺長，流影落清漪。嗟哉負盤錯，晚節深所期。但令成大廈，椎琢亦何辭。

秋晚登將陵城樓　丁未

城頭獨立眺平蕪，野水涵天一雁孤。紫蟹正肥黃菊豔，歸心何止為蓴鱸。

冬日南歸留別李少村學博蕭穆卿茂才

征途愁見雪花飄，家難倉皇弭未消。鄉思已隨南去雁，離心猶繞北來潮。音書此後休多滯，朋舊何時慰寂寥。握手臨歧腸欲斷，離亭綠酒莫頻澆。

重到將陵又別

野色罨黃昏，踟躕出郭門。途歧多誤轍，樹暗不知村。別緒縈葭露，詩情落酒樽。重來知幾日，朋舊定誰存。

伴城

礧礧輕車出竹西，伴城湖畔草萋萋。回鞭莫向斜陽指，無數青山送馬蹄。

歲暮度大竿嶺

萬里歸來歲又新，翻因喜極一沾巾。身登絕頂雲生臉，客到家山雨洗塵。嶺斷忽分南北界，水流慣送去來人。〔註2〕梅花為報春消息，一樹垂垂發水濱。

觀前晚望

扶疏好樹晚棲鴉，一水悠悠薄靄遮。回首忽迷來處路，青山如繭裹人家。新茶處處綠成圍，獨立橋頭望夕暉。村落人家春雨裏，炊煙散共白雲飛。

歸舟三首

一笑歸心似箭忙，渾忘水遠更山長。愛他溪水多情甚，直送輕舟返故鄉。嵐光峰翠撲征衣，百丈灘聲繞翠微。到底歸舟真快絕，萬山叢裏一帆飛。夾岸人家水拍堤，四圍苦竹鷓鴣啼。灘聲如吼停橈處，無數峰巒在隔溪。

舟次水口

聽到鄉音便自疑，開窗歷歷費尋思。雲煙過眼都陳跡，風雨懷人乍幾時。記得看山歡載酒，也曾削竹遍題詩。南來頃刻兼悲喜，此意旁人總不知。

漫興

蓬蓽何須賦索居，近來蹤跡最粗疏。雲山擁座疑張畫，好鳥窺簾聽讀書。戶外相於惟水竹，人閒高隱是樵漁。年來無復王孫感，芳草春深未忍鋤。

訪隱者居

躚屧相尋越幾峰，忽於松下見孤蹤。清風滿閣竹千樹，流水到門山萬重。屋小長留春色駐，窗靈時有白雲封。傾談半日消塵慮，野興因君覺更濃。

〔註2〕一路水北流過嶺，轉而南流，入閩界矣。

漁翁

生涯都付釣魚磯，不管人間萬事非。秋水白蘆和鷺宿，夕陽紅樹賣鱸歸。煙波深處成真隱，蓑笠飄然任息機。日暮叩舷幽思發，歌聲長遏白雲飛。

山居夏日

夏日山居幽興長，綠陰深處隱群房。風廊水榭無人到，竹簟桃笙夢一場。
綠槐垂影罨簾旌，不傍蘭池氣亦清。長日小窗無個事，自將銀管理閒情。
竹塢無塵隔市嘩，樵青嬌小鬢丫乂。報君丙鼎山泉熟，好點銀甌一餅茶。
桐陰壓屋暮雲涼，暑至能教暑亦忘。簷角倒懸千尺瀑，水晶簾外有飛霜。
雲物融融滿太靈，北窗高臥意何如。門前試問雙啼鳥，可有當年長者車。
高張火傘熱如何，從此退心寄薜蘿。無數奇峰當戶起，幽居偏傍夏雲多。

秋日過友人隱居

卜居遠市廛，結屋清溪上。葉落秋山空，日暮聞樵唱。
夕陽水際紅，芳草秋來綠。松下見蒼鼯，紛紛自相逐。
空庭半畝餘，種菊恰盈丈。昨宵風雨聲，綠意一齊長。
孤芳倚空谷，恰愛素蘭姿。持以謝幽獨，風霜曾不知。

登越王臺

越王臺枕越王城，城上峰巒十丈青。兩港波濤斜夕照，六街燈火落春星。陂塘敞入蓮花界，梵剎飄殘貝葉經。笑我歸來渾似客，海山高處忝登臨。

題桃花扇傳奇後

王師十萬渡江來，君王歌舞簇樓臺。揚州一破閣部死，君王酣醉紅燈裏。有明三百年曆數，可惜江南只壞土。燕雀嘻嘻尚處堂，榱崩棟折胡不悟。宏光出走臣子降，六宮夜半空倉皇。金陵王氣黯然盡，星星熠火寒無光。憶昔當國馬貴陽，懷寧狐媚隨班行。何如外馬與內史，將材相業略相當。將材相業俱倒置，紛紛報復殊未已。復社諸君罹網羅，魏閹舊怨重提起。燕子箋春燈謎□，玩弄人國只如戲。他時殯首萬山雲，不識葬身伊何地。就中惟有媚香樓，美人名士亦千秋。至今一片秦淮水，嗚咽情波日夜流。

宿月波樓感舊

硯耕別墅在螺渚

水光山色一樓虛,是我當年此讀書。舊事尚多留釣弋,江干何計狎樵漁。春風吹夢消殘酒,語燕隨人認故居。獨夜倚欄心悄悄,海門潮湧月明初。

落葉四首

榕陰吟社分詠

濃陰幾日綠成圍,又見寒林墮葉飛。繞砌亂蛩孤月冷,滿山殘照一樵歸。那堪心緒逢搖落,遮莫風聲鼓化機。自古榮衰迭消長,當前何必致歔欷。

夜來寒信薄林阰,高柳疏槐一帶愁。暈碧凝成蛛網冒,題紅寄向御溝流。夕陽村指江南晚,暮雨僧歸古寺秋。底事梧桐知紀閏,先飄一葉下西樓。

疏林十里鎖煙光,一半濃青一半黃。點點寒鴉飛暮雨,蕭蕭去馬踏殘陽。淮南木落秋如水,塞北風高夜有霜。多少騷壇題句者,吟詩獨立向蒼茫。

砧聲一夜滿關河,惆悵寒林剩斧柯。南雁飛殘關塞月,西風吹滿洞庭波。人從古渡歸來晚,山傍斜陽缺處多。莫道飄零生意薄,春來依舊綠婆娑。

北行別姊夫黃拱三   己酉

戚戚遠遊子,欷欷淚沾巾。揮手出門去,誰能喻苦辛。惟君恤高誼,爛熳任天真。執手歧路側,為君聊具陳。先人有敝廬,昨來鋤荊榛。小人有老母,行年逾六旬。敝廬奉老母,自謂葛天民。承歡充菽水,輟讀行負薪。龍蟄不求變,蠖屈不求伸。山中多愛日,世上盡浮塵。慈暉覆寸草,報答永三春。此意良未已,母怒復生瞋。謂爾學棲遁,乃復非完人。方今堯舜日,四海若比鄰。男兒事弧矢,所志在立身。作忠本移孝,揚名乃顯親。況復兄與弟,貽譏越與秦。鴒原歌急難,欲往詎無因。母訓滋益厲,我行猶逡巡。竊竊慮寒薄,何以供昏晨。君若不予諒,去去促征輪。戒我無自苦,慰我宜自珍。感君不言意,我行更愴神。何時遂初賦,相共理絲綸。

馬為

馬為駃愁去國遲,柔腸難繫柳絲絲。家遭多故傷貧賤,人為飢寒怨別離。一盞酒空蛇影幻,萬重雲隔雁聲悲。漫嗟爨釜當年事,德報泉臺死有知。〔註3〕

〔註 3〕時營葬嫂柩粗畢。

五顯嶺

琳宮梵宇欝蒼蒼，躡蹻重登選佛場。入座濤聲空外落，隔簾花氣靜中香。僧因桃筍穿苔徑，鹿解銜芝過竹房。夜半酒醒山月冷，鶴翎松露共清涼。

浦城西山

五年三度此來遊，鼓勇還登最上頭。古殿斜陽僧影淡，空山夜雨瀑聲秋。上方題句紗籠護，別浦歸帆遠客愁。為問南莊劉處士，酒狂還似昔年不。

方景二公祠

誰將氣節肅綱常，一例同留俎豆香。萬古難逃書篡字，九霄有象動星芒。麻衣慟哭生何恤，瓜蔓傳抄死可傷。明社淪亡祠宇在，行人幾度拜斜陽。

楓嶺

客路盤盤列嶂中，躡踏直欲凌青空。澗泉添響入秋瀑，岩樹交柯咽晚風。雪山浮天白皎皎，煙村橫野青濛濛。柴門投止日之夕，酩酊通宵燭影紅。

劍津行

歷歷落落星滿天，龍飛劍化幾千年。津頭晚泊坐懷古，隱隱長虹飛日邊。豐城昔日劍光吐，直射斗牛衝紫府。賴有博物之君子，干將莫邪征出處。如何寶物兩分張，坐使人亡劍亦亡。詎料一朝俱變化，頓教龍躍此津旁。龍在深淵劍在手，劍鳴戛戛蒼龍吼。寒光陸離天地搖，波濤洶湧蛟螭走。臨淵惆悵重生悲，卻憶當年雜佩時。土花斑駁芙蓉紫，不與凡劍相等夷。無端忽向水中入，脫手空空嗟何及。人間多少希世珍，往往不遭識者惜。從此潛藏又幾秋，雙龍夭矯水中浮。是誰敢以長條繫，盡日空教沒水求。那知神物還出世，變化無常恣遊戲。卻驚秋水一條條，蜿蜒猶作飛騰勢。吁嗟乎！一離一合皆前緣，我來亦佩雙龍泉。更誰望氣識至寶，一拔沉埋便倚天。

晚泊錢塘江

日落錢塘江上來，渚鷗沙雁不勝哀。千行珠淚歌千疊，百結愁腸酒百杯。夜雨瀟瀟牽短夢，寒潮滾滾撼江隈。離心欲寄歸舟返，目斷征帆去不回。

揚子江

匹練矜天塹，長江劃九州。燈明瓜步晚，潮落廣陵秋。淮海東南闊，金焦左右浮。蒼茫懷古意，倚棹發清謳。

晚渡

數聲柔櫓傍苔磯，榕葉扶疏晚渡稀。畫意微茫蒼靄外，半林殘照雁初飛。

晚登北城樓

夕陽遙映水邊紅，煙樹籠蔥綠幾叢。日暮城頭鄉思發，萬家砧杵搗秋風。

感詠

中原有神驥，馳騁志千里。結念凌青雲，呈才來燕市。麟鳳固並誇，駑駘良自恥。胡為被縶維，服車垂兩耳。伯樂不易逢，稱德殆已矣。騰踔短廄中，長嘯秋風起。

猗彼澗底松，鬱鬱森奇姿。冬心太蕭殺，霜雪互摧之。互摧猶不已，狂風折其枝。悟彼毀者心，欲使無子遺。豈知根節固，不為寒威移。寒威有時改，穠鬱無盡期。

秋感

十載悵離群，秋聲觸緒紛。疏林千罅月，落葉半床雲。平子田空賦，君苗硯欲焚。何人倚長劍，慷慨說從軍。

秋日偕王伯潤明經城南小飲

賴有山川結壯遊，水雲深處盪詩眸。馬嘶落日平原晚，鴉點蒼煙老樹秋。叢菊開殘游子淚，垂楊影簇酒家樓。孤城風雨明朝節，熳爛還期醉即休。

歸思

春陰飛上海棠枝，歸思無端不自持。知被小山猿鶴怨，年年辜負好花時。

曲水亭四首

舊地號環波，一水流屈曲。午夢破初回，茶煙裊微綠。
一屋小於舟，一渠春水流。波光蘸山色，分翠上簾鉤。

春色奪江南，簾前燕語歡。簾波低不卷，花雨散春寒。
羽觴欲隨波，修禊踵曩昔。渺渺接平湖，鳧鷖夢寒碧。

湖上雜詩

杯樏經過畫舫移，青驄遙繫柳如絲。我來指點宸遊地，獨立空亭讀斷碑。
衣香扇影日空蒙，引得遊人醉似蜂。歷下亭過匯泉寺，鐵公祠裏又相逢。
北極閣前還北去，北樓一望鵲華山。我來祗愛看千佛，花底朝朝見黛鬟。
勝地往時稱結構，乘涼一上晏公臺。祗今頹廢門靈掩，花徑無人屐破苔。
能向湖滣醉幾回，一生襟抱此中開。風情自笑何曾減，紅藕香中載酒來。

重登千佛山

樓臺如畫簇蒼煙，彈指禪關別幾年。一抹孤城秋水外，兩行飛鷺夕陽邊。
岩閒樹色含初月，雲外鐘聲戛暮天。試向上方尋舊句，淋漓墨瀋至今鮮。

圍棋

誰向松陰戰一枰，風傳隔院有餘清。漫將好手誇無敵，盡有閒心寄別情。
四壁蟲聲宵未寐，半簾花影月初晴。樵柯爛後滄桑變，不管河山幾局更。

水仙花

雪萼冰葩壓眾芳，檀欒醞釀發清香。最宜日暖風和候，卻向寒泉綺石旁。
暖入紗窗先得氣，春歸簾幕不知霜。月明誰解湘皋珮，惆悵伊人水一方。

憶松

老幹亭亭手自栽，定知百尺絕塵埃。孤高未必無儔侶，小用還須惜大才。
風動恐隨龍化去，月明應有鶴歸來。淵明何日開三徑，箕踞科頭酒一杯。

憶菊

西風吹落戰塵沙，故國關心幾朵斜。三徑煙痕留月魄，一籬秋色簇霜葩。
懷君傲骨思千里，繫我吟魂手八叉。莫怪淵明詠歸去，清樽濁酒度年華。

憶鶴

琴裝差擬共追陪，清俸難分只費猜。蕙帳夜空應有怨，石田曉放未歸來。
祗今相對憐修竹，曾記閒行啄綠苔。何日倚欄同不睡，一天霜月伴寒梅。

憶梅

小閣風光逼歲華，重重臘信到霜葩。空山流水三更夢，深雪前村一夜花。故國客來頻問訊，天涯寒至未還家。而今何遜詩情減，回首揚州路更賒。

松影

亭亭如蓋冪千峰，瑣碎搖金散幾重。解脫便參羅漢果，化身合受大夫封。月中偃蹇難棲鶴，水底盤拿欲化龍。霜雪任欺空色相，玲瓏不礙晚煙濃。

菊影

冷蕊疏花綻幾叢，半鉤新月到籬東。由來性傲終難改，始信霜欺亦是空。脈脈最宜秋水照，濛濛直與暗香通。無端攬鏡驚消瘦，笑我容華一樣同。

鶴影

池塘掩映見梳翎，幾度褵褷舞乍停。常伴梅花窺淺水，暗隨松露落中庭。行遮月色三分白，蘸破苔痕一點青。丁令歸來空幻相，雲中縹緲駐仙舲。

梅影

虯枝雪榦鎮紛披，歷盡嚴寒總不知。遮莫離魂憐倩女，誰將玉貌寫江妃。空來色相香無跡，看到橫斜鶴也疑。好是月明風定後，霜痕滿地印離離。

雪

雲意模糊雪意狂，天公一夜費平章。疑將世界妝銀海，似把河山屬素王。白戰哦成詩百首，紅酣倒盡酒千觴。梅花識得相尋故，特為衝寒幾朵香。

夜靜俄驚廣莫風，月華萬里照長空。芳罇遠訝魚鱗白，繡幕低圍獸炭紅。銀海蒼茫今夕裏，玉山傾倒酒杯中。霜花在樹冰葩放，點綴寒冬景最工。

話雨山房詩草

卷一 蘭生待定稿

紅橋曉別

遮莫客魂銷,江頭趁早潮。曉風楊柳岸,春雨木蘭橈。帆影貼天動,山光入水搖。東風知別苦,吹夢過紅橋。

夜坐

夜坐心如繭,抽之緒轉紛。金爐煨火活,清磬帶霜聞。雪壓梅花樹,寒驚老雁群。燈花如解語,此恨訴於君。

舟中雜詠古人

蘇季子

裘敝金殘更未餐,說秦歸去一炊難。男兒落魄窮途恨,慣被裙釵冷眼看。

楚項王

成敗何須論不休,君王俎豆亦千秋。當時一點英雄淚,灑向烏江萬古流。

范亞夫

千秋幽憤一孤臣,玉斗橫撞氣不伸。垓下漫揮兒女淚,鴻門早誤婦人仁。騅亡人事難興楚,鹿走天心不祚秦。畢竟漢王真大度,能收群策便超倫。

楊太真

大廷折鼎竟何人，底事紛紛怨玉真。誤國祗因傾國色，酬恩合是受恩身。霓裳一曲追成夢，羅襪千秋化作塵。腸斷芳魂招不得，梨花零落佛堂春。

魏武帝

東風縱不便周郎，火德終須助漢王。戰艦盡焚都草草，權奸不死歎蒼蒼。江山憑弔空焦土，父子相傳有樂章。惆悵月明江上望，祇今烏鵲尚南翔。

韓蘄王

痛煞南朝不世才，半生勳業可勝哀。江中桴鼓夫人壯，堰上金牌大將摧。君相偏安忘雪恥，英雄潦倒獨銜杯。客行莫問西湖路，策蹇何堪取醉回。

歸舟四首

猿啼兩岸月初明，曾惱當年作客情。今日歸舟到鄉國，聲聲聽處尚心驚。

抵里

作客歸來萬里身，回思羈旅暗酸辛。分明不敢燈前說，強作歡顏慰老親。慣從驛使問家山，春到家山客未還。今日老梅花下望，衝寒為我一開顏。

山居春日　戊申

落花心事兩忘言，勳業功名漫討論。歸傍白雲長奉母，怕招青眼懶開門。乍浣征塵夢亦閒，盡容嘯傲水雲間。晚風花落村前路，春雨人看屋後山。遯跡銷聲兀自忙，蒔花課草興偏長。關心昨夜風兼雨，春夢和雲上海棠。池館春深刻漏長，消閒莫漫靜焚香。笑攜酒榼尋花去，蛺蝶與人爭醉鄉。

長日

長日少相過，吾廬靜趣多。微風翻柳浪，輕燕掠簾波。恣意惟圖史，陶情足嘯歌。偶然事樵牧，掛壁有煙蓑。

水邊樓夜集

煮茗評詩夜未央，少年幽事話偏長。茫茫新月林梢轉，水影花光蕩滿牆。虯龍聲起百花陰，卷幔山光翠滿襟。宿鳥驚飛人靜後，半庭松影亂篩金。

山居夏日

石作圍牆樹作城，吾廬端不費經營。擬他宏景三層閣，飽聽松風過一生。
懶漫心情只率真，客來渾不著冠巾。笑他延瀨行歌者，五月披裘且負薪。

登九仙臺

高臺遙上迴崔嵬，四望秋光滿眼來。煙樹縈回城闕暝，風帆飛動海門開。
青山曾是神仙宅，丹灶俄驚木葉堆。回首塵凡空擾攘，何如躡屩向蓬萊。

廢園

廢園少經過，晴煙散修竹。池館晝森沉，幽禽相與曝。

病後將訪家硯耕梅岩昆季先寄以詩

病後何蕭索，相思託一函。邇來支短杖，仍未換春衫。急雨催雙槳，微風
落半帆。會攜詩草至，分付與重芟。

落葉五首

霜痕誰染遍空郊，古木槎枒剩鵲巢。南雁迴翔沉浦漵，西風凌厲到蓬茅。
可憐金井啼螿咽，猶有柴門帶月敲。莫道飄零終似此，春來生意滿枝梢。

梅花

夜涼庭院寂無嘩，料峭寒風透碧紗。老鶴與人同不睡，一天霜月冷梅花。

寒至柬姊夫黃拱三

北地風初勁，故山寒到不。松聲三徑雨，榕葉一庭秋。酒興應孤往，詩腸
孰共搜。知君此時意，直似旅人愁。

卷二　　蘭生待定稿

辛亥冬赴蜀別濟南諸友

人生苦別離，茲行將萬里。相送勞賓朋，戒途視行李。我心獨殷憂，揮淚
不能止。略略述梗概，諸君請傾耳。昔我隨父遊，其時尚稚齒。行年纔十三，
抱恨終天始。奉母歷閒關，遂得瞻桑梓。千里歸先靈，三年畢讀禮。擔簦遠從

師，文情誇亹美。自謂際風雲，如芥拾青紫。而乃戰屢北，小試困童子。阿兄宦青齊，招我來依侍。百日計程途，征塵入門洗。追隨不二年，變起女髮姊。又況嫂氏靈，返葬曷容已。故鄉復來歸，慈闈快省視。未幾秉母命，遠邁皆一體。先哲有遺言，惟孝友兄弟。所以復北行，于今三年矣。即此三年中，離緒縈客邸。無以慰親心，無以供甘旨。自問不如人，狂歌中夜起。近來頗懷歸，私心難忘弭。西華勤採薪，季路行負米。白首老窮閭，始願惟及此。夫何歌鴒原，急難歎轉徙。昨行已覺遠，今行更邐迤。相望萬里餘，故鄉何處是。嗚咽語未終，賓朋皆隕涕。積雪滿塵衣，雲山一鞭指。

早行

鈴鐸中宵動，愁心獨悄然。驅寒惟酒陣，趺坐證詩禪。月影垂到地，霜華正滿天。聞雞剛起舞，祖逖已先鞭。〔註1〕

渡黃河

白草黃沙大地寬，河聲遙逼暮雲寒。治能復古流應暢，清豈無時俟總難。九派崑崙通脈絡，萬層海水接波瀾。布帆瞬息驚飛渡，卻向堤邊立馬看。

潼關

一線羊腸地窟蟠，百重雉堞勢巉岏。黃河影落青天暮，故壘風疏白日寒。西去全秦資管籥，東封函谷塞泥丸。時平且喜無爭戰，形勝憑教馬上看。

灞橋

灞水橫流客路前，橋頭衰柳羃愁煙。年來吟興都蕭索，辜負詩情風雪天。

長安

中天月色幾回看，一半征途指暗彈。策馬遙來紅日下，壯遊西到古長安。三峰太華花蓮冷，百代叢碑蘚跡殘。憑弔興亡盡無著，祇憐渭水有漁竿。

馬嵬

君王休自怨郎當，家法荒蕪本晉陽。畢竟貽謀忘慎始，滔滔禍水送三唐。

一掃宮闈濁亂清，君王此際最英明。如何繼統臨淄後，忘卻深宮打子聲。

〔註1〕謂周曉亭大令。

名花一瓣委香塵，妾為君王敢惜身。寄語三郎腸莫斷，睢陽殺妾彼何人。
捐軀奚愧晉冠裳，兩字旌銘萬古傷。太息坡前三尺土，埋忠無那又埋香。
〔註2〕

隴上早春　壬子

無恙鬥今身，天涯節序新。壯懷孤劍在，旅況一燈親。酒券賒偏慣，家書寄更頻。行行過隴首，誰贈一枝春。

天雄關

半壁嵯峨劃碧雲，平襄昔日此屯軍。〔註3〕雄關高踞窺秦隴，危棧遙懸接劍門。碑碣叢殘山半寺，田疇繡錯水邊村。老僧知我耽吟眺，為啟窗紗倚北軒。

山行

客行入深山，山深行更趄。石上拂雲坐，樹下和鶯語。日落行者稀，去去安所依。低飛兩蝴蝶，翩翻集人衣。

雪後山行

雪壓千林鳥不嘩，修篁風裏翠交加。人來巴僥春先至，夢入鄉關路更賒。山水為詩開世界，疏狂與酒生作涯。何時泛共灘頭水，萬里琤瑽送到家。

蜀中山水奇絕而大劍尤勝因涉筆狀其梗概

雲行山欲隨，雲去山仍在。一峰不受雲，飛出青天外。突兀撐晴空，離奇逞光怪。曼絕不可扳，誰能窺其內。萬古長青蒼，四時色不改。我夙抱古心，見之即下拜。想彼神鬼工，雕鏤良可愛。元氣割鴻蒙，靈秀奪真宰。蘊蓄靡一朝，團結經億載。砉然一發洩，卓爾見其大。群峰若兒孫，蜿蜒非一派。附麗雖云多，一覽無餘態。曷若此獨尊，茫茫鎮大塊。

出谷

心目忽開朗，川原勢漸平。危峰抱雙谷，煙樹隱孤城。飛鳥頻相引，奇山半莫名。為言多客感，莫遣雨淋聲。

〔註2〕馬嵬，晉將戰死坡前，故名。
〔註3〕關為漢平襄屯軍地。

自梓潼尋閬道入中江與周曉亭大令別

回首看僮僕,行蹤悵忽孤。故人殷贈紵,分袂獨愁予。野飯嘗初熟,村醪醉更沽。惟應今夜月,分照兩躊躇。

成都

蠶叢開闢後,懷古獨悠悠。沃野真天府,名邦古益州。暮雲危棧迥,春色大江浮。欲問支機石,乘槎近斗牛。

雨霽山行口占以示輿夫

雨霽眾山青,岩前添新瀑。道路苦泥濘,輿夫坐抑鬱。農人頗欣欣,群起叱耕犢。一喜一怒閒,我心有感觸。嗟嗟爾輿夫,坐聽吾忠告。不見彼農夫,終歲事耕耨。辛苦盤中餐,粗糲皆珠玉。暘雨或愆期,田禾不時熟。又況蜀山尖,高下互陵谷。巉巉山骨多,何能施碌碡。眼看禾黍枯,坐畏驕陽酷。官吏苦不知,催租相徵促。瘦骨如縛柴,焉能任敲撲。稱貸既無從,兒女拚轉鬻。哀哉彼農夫,環堵聚相哭。吾儕雖云勞,有時而休沐。未行半日程,已辦一宵宿。逆旅至如歸,安眠飽粱肉。縱雨亦何傷,縱泥未濡足。所願茂田疇,菁蔥欣滿目。相安耕鑿天,浩歌聽鼓腹。行矣勿憚勞,夕陽墮林麓。

山齋即事

茅齋小小傍雲山,白雲半閒人半閒。日暮鳥啼無客至,人與白雲相對閒。

遊靈皈寺〔註4〕

閒依古剎獨徘徊,郭外青山當戶開。未免惹他諸佛笑,參禪人是覓詩來。

雨過

雨過千林野鳥呼,門前新水欲平湖。開簾忽放山光入,潑幾濃青展畫圖。

雨霽

苦雨欣初霽,狂風撼未休。野煙生薄暝,涼意入新秋。溪漲橋全沒,沙喧水亂流。看山時出郭,蠟屐興悠悠。

〔註4〕隋時古剎在中江。

蟬

濃陰如幄繡簾前，槐夏風清有斷蟬。一樹無情殘照裏，數聲微雨晚涼天。

過雨江村好，晴煙沙際明。風扶修竹立，鷗坐浪花輕。暝色催歸鳥，山光入畫城。平生懷濟勝，笠屐不勝情。

旅夜

旅夜不成寐，起看秋月高。怪禽疑鬼嘯，寒瀨作風號。鄉夢斷難續，閒愁繫更牢。何時醉叢菊，相對擘霜螯。

鄉心

展轉夢難成，鄉心撥不平。脫驂誰與贈，仗劍此孤征。莫急鴒原難，空懷烏鳥情。吾生多壯志，肯使淚縱橫。

讀家五兄遠青寄四兄靈堂詩，真摯纏綿，覺至性至情猶未淪於天壤。亦作一首，用抒我憂

南枝既憔悴，北枝亦雕傷。嗟嗟骨肉閒，胡乃尋參商。世風多菲薄，古道遂淪亡。讀君至情語，摧怛傷心腸。一字閒一淚，淚盡情更長。感之彌根觸，憂來不可當。某少失所怙，艱苦亦備嘗。阿兄行作吏，從之適遠方。尸饔有老母，倚閭日相望。平生何以養，涕下沾衣裳。去年行急難，隻身復遠颺。不知離別苦，意氣頗激昂。誠謂循弟悌，何用愁風霜。胡為一留滯，歸期浩渺茫。側身望東海，回頭思故鄉。與君一情款，幽恨難盡詳。安得報兄命，還復慰高堂。

感懷三首

又是秋風入樹來，天高雲迴雁聲哀。城南砧杵催歸切，江上芙蓉對客開。盡有雄心驅鐵騎，何緣挾策上金臺。悲歌亂擊唾壺碎，誰拔王郎磊落才。

牙幢玉節孄侯封，好是君恩雨露濃。報國合捐身後計，癡心枉撞佛前鍾。偏隅焚爍悲噍類，一念彌縫坐養癰。知否千秋人論史，罪魁未肯與包容。

東南兵焰歎連年，七澤三湘又蔓延。從古曾聞屍馬革，何人卻為掃狼煙。全軍陷敵金創重，萬里驚秋玉帳懸。師出無功誰是過，一思林錦一潸然。

秋夜有懷周曉亭大令

梁月多情照不眠，蜀山萬點簇秋煙。憑將無限相思意，寫上巴東九萬箋。

蜀江對月

若為不平鳴，猿啼第幾聲。蜀江今夜月，故國十年情。舊事隨波遠，閒愁共草生。題詩寄朋好，離緒寫難成。

秋日書懷

壯志空教入蜀遊，金風蕭瑟一年周。煙寒橘柚江村晚，露冷蒹葭水國秋。鄉思幾番隨候雁，閒身何日逐浮鷗。扁舟底事遲南返，東望鴒原合暫休。

贈別林吉夫孝廉

剛是相逢無限情，驪歌又唱別離聲。締來萍水緣非淺，修到梅花福最清。夜月書窗幽夢醒，秋風蜀棧暮雲平。相思此後都何似，不獨臨歧眼淚傾。

贈別家五兄遠青

三月洽萍蹤，幽懷訴未終。他邦託知己，譜系重吾宗。客路連山遠，離情似酒濃。葭蒼兼露白，回首恨千重。

癯仙老人歌贈別何銘三姻丈

癯仙老人信奇絕，蜀道相逢鬢如雪。酒酣耳熱暗恨生，往事為我低徊說。少年意氣凌青雲，世上餘子徒紛紛。千金撒手那復惜，一種幽情愁與聞。城南簇簇多煙樹，青驄誤入天台路。蘭杜洲邊藕舫圍，桃花門內瓠犀露。愛惜污泥一瓣蓮，春風永日倚香肩。纏頭十萬初覆帳，約誓三生亦可憐。無端風波生頃刻，蛾眉宛轉空憂惻。雁婿追隨願已乖，鳩媒何事橫相逼。那有人間古押衙，蕭郎從此走天涯。涼州空奏葡萄曲，〔註5〕月殿已寒丹桂花。持籌鹽策不覺老，韶華回首都草草。萬里間關入蜀來，渭陽唱斷增悲惱。〔註6〕踽踽西風王燦樓，寒燈豔豔今古愁。苦憶三十年前事，老淚直拚江水流。聽君語罷為君泣，鑄錯無成嗟何及。觸我舊事心上來，羅衫猶染啼痕濕。我輩情多不自持，銷魂無那是花枝。且開懷抱飲美酒，況復明朝有別離。

〔註5〕公曾至甘肅，甫投筆而軍務告蕆。
〔註6〕令舅郭古樵先生卒於官。

東歸

年年書劍客天涯，到處關心玩物華。底事東歸轉愁絕，平生小住便為家。
撿點奚囊未盡貧，年來無恙苦吟身。分明載得新詩返，半贈江山半贈人。
一輪落月照窗西，坐對清樽醉似泥。遮莫催歸兼惜別，杜鵑花上杜鵑啼。

趙家渡曉發〔註7〕

曉發趁朝陽，呼舟古渡旁。松風鸛鶴境，蘆雪鷺鷥鄉。去去難為別，行行
殊未央。愁隨今夜月，流影到東廂。

途中即景

流水琤瑽路幾叉，松陰深護野人家。秋風昨夜多無賴，開遍籬東扁豆花。

宿山寺

白雲靉靉鎖層巒，流水無情去不還。夜半鐘聲驚客起，松風吹月滿禪關。

謁杜工部草堂〔註8〕

半生精結構，遺址錦江邊。詩卷留天地，干戈老歲年。交深嚴節度，名並
李青蓮。千古心香爇，臨風獨泫然。

過薛濤故居

萬里橋西宅，蕭疏竹徑幽。美人真不死，名妓亦千秋。汲井烹新茗，題詩
倚小樓。桃花箋宛在，搦管想風流。

秋日過友人隱居

卜居遠市廛，結屋清溪上。葉落秋山空，日暮聞樵唱。夕陽水際紅，芳草
秋來綠。松下見蒼鼯，紛紛自相逐。空庭半畝餘，種菊恰盈丈。昨宵風雨聲，
綠意一齊長。孤芳倚空谷，恰愛素蘭姿。持以謝幽獨，風霜曾不知。

別成都

十旬茲小住，一旦動深愁。巴僥多知己，湖山感舊遊。催歸書北至，送別
水東流。落葉飛征路，蕭蕭日暮秋。

〔註7〕在金堂縣。
〔註8〕成都南門外。

長途

長途跋涉亦可哀，筍輿敧側循山隈。水流當路風雨過，秋老一天鴻雁來。炊煙繞戶濕不散，斜日穿雲陰忽開。此去會知東海近，還須乘興訪蓬萊。

行次武連驛以馬病不發步壁間韻

險絕蠶叢路，昨來今又旋。劍門雲擁戶，秦塞樹浮天。故國秋應老，他鄉月正圓。未諳驅馬病，小住暫流連。

劍州道中古柏

古柏陰森大道旁，霜皮黛色有千行。獨存本性欽高節，共剪繁枝祓不祥。夜雨虬龍爭弄爪，秋風古驛自生香。榮枯卻笑閒桃李，草草春華夢一場。

搜求會見到岩阿，莫為懷才歎坎坷。老幹尚存前代古，〔註9〕濃陰留蔭後人多。閱餘兵燹彌征壽，〔註10〕歷盡冰霜不改柯。我抱冬心最相賞，一株株與細摩挲。

劍閣

匹馬款段巴西路，秋花秋草紛無數。亂山似冢不成峰，寂寥行人自朝暮。忽聞劍閣行當來，笑向青天擲酒杯。何乃登高絕不見，惟見寒沙亂石堆。疑被愚公移將去，不然縹緲迷秦樹。輿夫負我緣磴下，錯愕諮嗟愁卻顧。驀然回頭心搖搖，霜鋒冰鍔凌丹霄。中含一線天地隘，坐使千秋覬覦消。一夫當關，萬夫莫敵。青蓮此語良紀實，閣中可使戰馬屯，關前不許飛鳥入。吁嗟乎！關前不許飛鳥入，蜀漢何由坐相失。乃知在德不在險，此是千古興王業。君不見，我朝澤被九州寬，不矜割據閬閬安。劍閣雖險無所用，且壯蠶叢一大觀。

早行

薄薄晨光動，銜山月漸微。水沖層磴下，雲挾亂峰飛。街柝聲初寂，行人跡尚稀。停鞭倚秋樹，流露濕征衣。

危棧

危棧從茲入，征途遞嶮巇。山田多傍澗，竹溜暗穿籬。天外群峰疊，雲根老樹垂。相看信奇絕，應為數裁詩。

〔註9〕柏傳為前明所植。
〔註10〕明季之亂，柏獨無恙。

早發

征策披晨霧，晴霞逼曙光。啼蚤如雨散，飛鳥共人忙。溪漲傾新綠，山花綻嫩黃。遙知海東畔，冉冉上朝陽。

懷中江諸友

渺渺東征客，懷人對夕暉。秋風丹桂豔，夜雨綠蕉肥。文酒何時與，鄉園幾日歸。長空一回首，思共暮雲飛。

奇峰

西風策策撼霜林，盡日無人棧裏行。纔撇斷岩出雲霧，奇峰又傍馬頭生。

自天雄關下至桔柏渡

晨發先飛鳥，山高雲氣侵。紆徐循古道，迢遞接遙岑。曲磴秋花繞，前溪煙樹深。紛紛爭曉渡，舟楫費招尋。

廣元晚眺

玉帶亙長堤，日暮無人跡。鷺鷥忽飛來，照破寒江碧。

自廣元至朝天關

一線岩前路，肩輿幾折紆。秋風排雁陣，落日淡煙蕪。沙浸寒流轉，山皴積溜枯。朝天天不遠，縹緲接皇都。

朝天關步壁閒韻

石磴盤旋上碧空，曙雲高擁一關雄。日光逼霧千山雨，林氣驚秋萬壑風。孤塔勢凌天以外，危岩影壓水當中。經過不盡時光感，沙草離離又幾叢。

題枕山樓

一徑入蒙密，來登第一樓。竹梢飛瀑響，松頂斷雲流。風急日光碎，窗虛水影浮。買山如願遂，蕭散復何求。

龍洞背

山泉之源抑何長，蜿蜒直自云中翔。忽然落向一洞入，陰森道是蛟龍鄉。誰與天心鬥靈怪，突來一峰壓洞背。萬古長聞澎湃聲，何人好奇探其內。我來洞口停征鞭，禹功疏鑿殘碑鐫。山後一泉噴紫煙，豈無老龍隨之飛上天。

阻雨巴西寄故山親友

秋池水漲聽淙潺，萬里誰憐客未還。一自玉溪題句後，至今夜雨滿巴山。

旅館聞雁

青山壓屋倚雲居，葉落門前水一渠。昨夜秋風吹雁至，不知可有故鄉書。

贈姜就之少尉〔註11〕

作客新知少，惟君古處敦。相逢真恨晚，時事那堪論。黃葉飛秦隴，秋風老劍門。參詳新得句，互證棄還存。

就之每憩旅館必偕予尋題壁詩歎其愛才作此以贈

歎息憐才復愛奇，江山瑰麗有新詞。分明絕勝紗籠護，下馬先尋壁上詩。

觀音碥

流水日淙淙，行人意未慵。亂山排四面，清磬度孤峰。野曠雲生樹，天寒鳥絕蹤。欲尋棲宿處，遙被晚煙封。

怪石

怪石嵌雲根，懸影空中落。灘聲疑風雨，繁響振林薄。行行見人家，寥寥依岩壑。數世此中居，蕭散亦云樂。

五丁關

亂山合抱環百堵，一峰缺處一峰補。中含一線通行人，道是五丁昔揮斧。五丁揮斧闢鴻蒙，行人熙攘來蠶叢。雄關坐鎮山之中，秦疆蜀界無混同。山靈親見五丁苦，流泉嗚咽澗中語。蜀人貪婪固足亡，秦人詐蜀今何處。我來惆悵重生悲，秦蜀代亡方幾時。天假五丁一措手，後人之利無窮期。君不見，萬里長城亦是秦時築，至今邊圉皆輸服。一開一築空復勞，卻為秦人淚簌簌。

列金道中〔註12〕

誰識空山禹跡留，我來好古事探求。卻驚嶓冢崚嶒處，漾水而今尚自流。

〔註11〕名由範，江南人，時同行。
〔註12〕《禹貢》嶓冢導漾處。

沮水舟行

嵐光潑翠水拖藍，漁火江楓夢正酣。不管行人腸斷盡，櫓聲咿啞落江南。

喚渡

風景巴西好，停鞭看可憐。夕陽橫斷野，秋色起遙天。徑繞寒山上，江翻客路前。不辭頻喚渡，孤棹興悠然。

北棧

更跕北棧北，言歸東海東。秋心驚墮葉，孤影共征鴻。客路寒雲外，人家密箐中。行行殊未已，指點夕陽紅。

上山

上山逐雲飛，下山如鳥墮。笋輿迎朝陽，流光驚破碎。秋老蘆花肥，霜高楓林醉。行行見古柏，森森鬱蒼翠。

沔縣弔武侯祠墓

墓門北望淚沾襟，〔註13〕祠宇嵯峨出遠林。一燼光能延漢祚，三分力欲挽天心。豈難吳魏隨時滅，終恨桓靈賈禍深。淒絕石琴吟一曲，千秋弦斷孰知音。〔註14〕

宿馬道〔註15〕

孤燈照壁夢難成，懷古蒼茫思不平。夜靜疑聞奔馬過，河聲上枕作秋聲。

客程

去馬不曾停，漁歌遠近聽。斜陽墮遙水，落葉滿寒汀。月射空山白，煙分野樹青。客程過萬里，誰敢惜勞形。

留壩道中

岩頭落日墮鞭梢，陵谷遙看互凸凹。指點褒斜相接處，秋風秋雨過三交。

〔註13〕墓在蜀北境之定軍山。
〔註14〕祠內有無弦石琴。
〔註15〕蕭何追韓信處。

雨後山行

小雨忽然止，浮雲猶亂飛。岩光青滴瀝，樹色翠霏微。故壘黃花戍，秋風白夾衣。莫嫌歸路晚，斜日送征騑。

陳倉古道

有客蜀中歸，搜求徵典故。奇險所屢經，古蹟探無數。擘面見青山，疊疊莽回互。下馬不見人，殘碑橫歧路。云昔楚漢爭，淮陰出奇處。棧道乃明燒，陳倉茲暗度。可憐為國謀，竭智還殫慮。功高猜忌生，當時胡未悟。其謝蒯通言，見幾惜不預。厥後未央宮，卒為女子誤。君看張子房，功成身已去。鴻飛何冥冥，弋人空仰慕。遠從赤松遊，永把紅顏駐。遺祠紫柏山，行人薦秋露。

紫柏山留侯祠

如此高風亦大難，白雲黃葉滿山寒。英雄不是傷弓狗，俎醢韓彭一例看。

心紅峽

峽裏看秋色，霜楓葉更鮮。好山青不斷，遠水碧相連。石壓羊腸轉，天窺鳥道寬。絕憐危險地，半日駐吟鞭。

鳳嶺

南過心紅峽，北來鳳嶺頭。鳳嶺之上何悠悠，群峰攢聚如戈鋈。輿中大叫驚奇絕，舉步欲向空中越。輿夫挽我嗤我狂，遙遙指點為予說。一峰一峰白雲封，上有一峰青更濃。云昔鳳凰巢其中，夐絕不許行人蹤。鳳兮鳳兮雲中翔，吾欲招之下高岡。朝陽照耀出扶桑，昂首一鳴聖世昌。

雞頭關

曉發雞頭關，茫茫不知處。狂風攫肩輿，直入雲中去。飄飄雲中仙，咳唾落九天。下視人間世，一氣環青煙。肩輿如蟻走，盤旋枯樹杪。山風揚塵沙，幾莫辨昏曉。晨光漸熹微，和煦奪寒威。風力勢已懈，肩輿墮復飛。須臾尋山下，飛湍當路瀉。一笑氣愈豪，風雲經吒叱。

棧中雜興

筍輿日日陟崔嵬，萬壑千峰眼底開。風雨瀟瀟秋色老，山靈作意送詩來。故鄉無此好峰巒，小憩前村半日閒。煙雨濛濛簾下看，分明一幅米家山。

大散關

渭波流不盡，沙渚浩無窮。棧落青天斷，關臨大散雄。山形圍蜀國，秋色滿秦中。謝卻崎嶇苦，平原入望空。

出棧步姜就之作

迢遁關河去復回，棧中景物盡徘徊。人家半出青天上，客路都登絕巘來。沙水瀠洄秦樹渺，戰場零落野花開。遊蹤回首情何限，那禁征駒幾度催。

岐山道中

野路延袤信馬蹄，遠山如畫夕陽低。西風策策催黃葉，白鷺見人飛過溪。

長安道中感懷

一鞭驅向海東頭，周道何堪悵阻修。孤客情懷惟嗜酒，天涯時序易驚秋。離心不斷千尋夢，豪氣猶思百尺樓。莫問長安興廢事，緇塵萬斛祇供愁。

望太華

太華突削青插天，極北回望無人煙。群峰到此一齊俯，附麗乃若兒孫然。三峰忽擘巨靈掌，笑放蓮花青萬丈。黃河飛來不敢停，奔流其下何決溹。更聞一嶺喚蒼龍，痛哭乃有韓文公。希夷老子獨睡倒，鬖毛蕭颯飄秋風。金天肅殺位在西，穹窿巨碑字如斗。玉女遙向雲中招，欲上峰頭作重九。西北大勢誰獨窺，此山所以奠坤維。少皞司秋帝所命，千秋萬歲無窮期。看山到此歎奇絕，遠見陰森羅萬笏。安得蠟屐凌層巔，腳踏芙蓉上雲闕。

磁碭道中

征車動雷吼，礌礧萬山中。欹側驚殘夢，低昂見遠空。馬嘶深澗水，猿嘯隔溪風。轉忘修途苦，尋詩興不窮。

河南道中

匹馬向京洛，行行未憚勞。亂雲堆古戍，驚雁下林皋。雨浣緇塵濕，河流秋汛高。夜深宿孤館，風竹弄蕭騷。

開州道中

煙靄遠矇曨，天光四望空。斑斕紅葉雨，破碎綠楊風。倦意憐羸馬，歸心

逐暮鴻。前村浮暝色，燈火幾星紅。

早行大霧

寒月破纖白，前村浩渺瀰。征途橫野斷，大地借風吹。人影雲中鶴，霜林雪裏枝。惟應倩摩詰，兼畫復兼詩。

秋柳

誰遣鳴蟬午夜喧，天涯衰柳黯銷魂。夕陽影簇秋如畫，古渡鴉翻水到門。別袂縮將新惹恨，征衫銷盡舊啼痕。託根擬向龍池畔，長受東皇雨露恩。

自題劍門秋色圖　並序

劍門當秦蜀之衝，鋒鋩卓立，大劍環其前。〔註16〕秋色蒼茫，一覽無盡。秋杪，予從蜀中歸，愛其奇險靈怪，因囑畫師摹寫是圖，並自題一律。舊遊回首，無限相思，偶一披圖，差堪自慰耳。

天地仍漂泊，光陰漸汨沉。茲行足萬里，匹馬越千林。劍外新知遠，巴西秋色深。至今繫魂夢，倚卷一長吟。

歸到青州寓齋

憶向天涯賦鶺鴒，經年相見淚沾巾。黃花開遍重陽雨，蜀道歸來萬里人。閱歷漸添詩思健，艱難莫補此身貧。關心更有鄉閭夢，誰寄江梅贈遠春。

〔註16〕山名。

敦好堂詩集四卷詩餘一卷

〔清〕淄川袁藩撰

點校說明

袁藩（1627～1685），字宣四，號松籬，山東淄川人。康熙二年（1663）舉人，康熙十二年（1673），曾赴吏部銓選，考取知縣，因未得實官，仍繼續參加會試。至康熙二十四年（1685）病逝，是年袁藩尚不足六十歲。袁藩工翰墨，善談笑，現存《敦好堂詩集》四卷（卷一至卷三、卷六）《詩餘》一卷，藏山東省圖書館，《山東文獻集成》據以影印。

《敦好堂集》為袁藩死後，畢際有往其家哭弔，應其子之請，為之編訂遺稿而輯成。卷首有畢際有所作《編次袁孝廉敦好堂集題詞》，文中云：「松籬之自為銓定者，未嘗不釐然秩然也。其曰《錦研齋詩》者，自戊戌迄癸丑，而壬寅有《涵煙草》，丙午有《紀遊詩》，庚戌有《鴞音》，即《潞遊草》也，皆各有端本，未入其中。其曰《敦好堂詩》者，蓋起於甲寅，云是年有《遊東萊詩》，乙卯有《南遊雜詠》，庚申有《遠遊草》，甲子、乙丑諸篇，則皆以片紙脫稿，頗經點竄，未有繕本耳。余乃挨年編次，一一為清出，凡得詩一千五百，亦云夥矣。又詩餘二十七、雜體古文詞僅十六篇附焉，共錄為六卷，其他捉刀之作尚多，則未遑概錄。《錦研》、《敦好》皆不著，所謂故從其後者，統以『敦好堂』名集云。」這段文字記述了袁藩遺稿及其整理情況，也反映了袁藩從中舉前後到病死這二十餘年間，不甘寂寞，經常出遊。又畢際有《袁孝廉傳》云：「凡山川所歷，無不託之歌詠，抒其胸臆。讀者謂其詩清和淡雅，得摩詰、隨州之神。」

此次點校整理，以山東省圖書館藏清三十六硯居鈔本為底本，施加現代漢語標點，底本中的異體字、避諱字徑改回本字，不再出校。詩集原注均以腳注形式呈現。限於點校者的學識，書中難免存在錯訛之處，還請專家學者批評指正。

尹勇力

二○二四年元旦於山東理工大學

編次袁孝廉敦好堂集題詞

　　余安忍次吾亡友松籬之詩哉？憶當乙丑夏，余方有校刻先集之役，松籬力疾來踐宿諾，時往時來，茶鐺藥鼎，聲相雜也。逾中秋來甫一日，而病不可復支，遂以肩輿送歸。臨別之頃，呻吟嗚咽，同時並作，便以錄存其詩為囑，似已作訣語矣。別纔逾月，遽赴修文。余往哭之日，其冢君家棐復以為言，既而收其遺編殘稿，櫝以歸。余曰：「此先子之遺命也。」余啟櫝而淚涔涔下，姑藏諸，再啟又然，延至丁卯春，始取而詳閱之。則松籬之自為銓定者，未嘗不釐然秩然也。其曰《錦研齋詩》者，自戊戌迄癸丑，而壬寅有《涵煙草》，丙午有《紀遊詩》，庚戌有《鵠音》，即《潞遊草》也，皆各有端本，未入其中。其曰《敦好堂詩》者，蓋起於甲寅，云是年有《遊東萊詩》，乙卯有《南遊雜詠》，庚申有《遠遊草》，甲子、乙丑諸篇，則皆以片紙脫稿，頗經點竄，未有繕本耳。余乃挨年編次，一一為清出，凡得詩一千五百，亦云夥矣。又詩餘二十七，雜體古文詞僅十六篇附焉，共錄為六卷。其他捉刀之作尚多，則未遑概錄。《錦研》《敦好》皆不著所謂，故從其後者，統以「敦好堂」名集云。諸原稿則仍櫝而歸諸其冢君。嗟乎！松籬豐於才而嗇於遇，宜乎多悲涼慷慨之音，何期復嗇於年也。每歎古今才鬼無靈，沉於寒煙，沒於覆甕者，不知其幾千百人矣。幸留此殘本在，異日者或有讀松籬之詩若文，而因以得松籬之生平者乎，今又安忍不次松籬之詩哉？憶余妹倩王子下與松籬，皆生於崇禎丁卯，小余四歲，子下卒於乙巳，不四十也。余曾為次其《息軒草》藏於家，已而故人李敬茲為刻於京師，未備也。其從兄雪因為之再刻，則收余藏本為多，可無遺憾矣。松籬卒於康熙乙丑，不六十也。余雖為次其詩，顧無能為刊布，則有愧於敬茲良多。顧此千五百首中，不無應酬率意之篇。夫鎔金必汰其滓，治玉先攻其

璞，安得高明，詳為選訂，以永其傳耶。餘則目迷五色，罔克任此已。松籬交遊最廣，多為海內名流所稱許。鄧孝威謂其「風味恬雅，格調純正」。宗定九曰：「晴雪滿竹，隔溪漁舟，此司空表聖詩品句也。」鼎取以為先生贊他如高、王、唐、吳之評跋，不啻詳哉。其言之矣，余曷能目松籬之詩，請即以諸名宿之贊為贊可矣，故備錄於左方。松籬，袁姓，藩名，字宣四，松籬其別號。順治甲□□副□□，康熙癸卯舉於鄉，般陽之萌水人也。

丁卯七月中浣邑同學畢際有題。

題袁松籬敦好堂近詩

　　屈大夫嗜芰，當有獨喻適志者。或欲以五侯鯖、九鼎俎，進而奪之，腹雖腴而神弗善也。惟詩亦然，人高李、杜，我愛王、劉。彼雲衣霓裳，藝圃飛仙，電掣雷轟，詞壇上將，此固人人之所趨走恐後，願奉牛耳，無異詞者。然至於蕭然自遠，怡然自得，若道人人意中事，了無斧鑿之痕，則吾心醉於二子多矣。松籬新作，如將代興，迴環諷詠，左把維摩之袂，右拍隨州之肩，有餘裕焉。載續評驚，字字不爽，是妙別淄澠者。晉人云：已經平子，吾無閒然。阿宏詠史，不得獨有千秋矣。高珩漫題。

　　史稱袁□伯於牛渚租舫中詠詩，聲既清會，詞又藻拔。謝鎮西聞之，遂迎升舟，與之譚論，申旦不寐。彼《詠史》一篇，能令仁祖傾倒如此，使睹松籬先生《遠遊集》，又當何如耶？三復歎絕，不得不以此事推袁。同學弟王士禛題。

　　宣四詞兄，早擅文名，凡濡筆而成，便為妍麗娟秀之章，蓋其天性然矣。歲庚申，所賦《遠遊》諸什，興發神王，更得助於江山。余時獲把卷披誦，一似布帆彩鷁之閒，無非其和風惠雨，林花獻笑時也。是歲，余亦有武林之役，每從旗亭畫壁、戴山題扇處，得其零珠碎璧，以為珍玩，獨恨不及並舫聯吟稱快耳。然關東大漢，銅琶鐵板，一聞柳屯田曉風楊柳之音，那能不退避三舍耶？辛酉立春前二日，同邑同學弟唐夢賚題。

　　王、孟、錢、劉皆以清和淡雅為宗，故昔人謂其得□謝之遺。讀松籬先生《遠遊》近稿，一何神似也。予嘗讀屈子《遠遊》，妙絕騷壇，特寄託之辭耳。今松籬三千里之行，亦以「遠遊」自書其過。予固無俟卒讀，已不勝同調之感。然則松籬之詩，豈行吟憔悴者同日而論耶？辛酉冬盡日，延陵吳枌海木氏題。

敦好堂詩集卷一

余不嫻韻語，間一為之，不可存，亦不欲存也。歲甲午，客濟上，得數十首，因刻其一二，既復刓去。乙未入都，得六十餘首，今亦無留者。戊戌、己亥間，余在梁鄒，同人競相稱詩，率爾酬和，積一百七十首，氣體卑靡，頗知自厭。念平生碌碌，無句可傳，此段蛙吟，不妨存之，以紀歲月。庚子，得十首而止。辛丑春，和張心友詠美人詩五十首。繼而讀書古城，受友人教，又作詩九十首。迄於壬寅之夏，云及余有腹悲之變，復作六十首，名《涵煙草》，後亦不復為。兩歲來，偶拈數首，又皆佚散，暇□□□並舊稿刪□□如干首役或作詩，以為此驗。□辰夏日識。

古意　以下戊戌稿

長空積浮雲，庭物閒清晝。淡泊造化心，屏氣為潛守。方春榮草木，夜雨伏簷溜。有懷不自知，所慮如波皺。攬衣起徬徨，砌竹階前瘦。剪燭對瓶花，仰嘯復垂首。家山入夢遙，好語經時舊。夙昔慘淡謀，今日同殘餖。開篋見初心，憂來等決溜。獨行思故人，深兵利速鬬。況言願同心，晨夕為左右。共期千載事，忍作因人陋。誰云麟與鳳，與世爭飛走。

憶昔遐景翠微二亭元安處士舊跡在鄒平黃山之麓
徐明府命題

別岫春陰釅未開，昔賢名蹟久蒿萊。山腰殘雪藏枯樹，城上孤雲接廢臺。無復衡門鎖薜荔，祇餘石磴老莓苔。幽探此地堪懷古，敢謂登高作賦才。

又三絕句次元人韻

　　春山窈窕白雲開，一徑清風詠玉臺。舊跡何年生返照，翠微春色渡江來。
　　萬壑千峰落照開，錦芊草樹似平臺。不堪悵望昔賢處，雲影空山自去來。
　　滿城春色鏡中開，草沒高原見廢臺。幾處樵歌煙雨寂，平蕪猶送好風來。

春雪

　　正月晦日彤雲作，餘寒蕭蕭生簾幕。黃昏人寂一風鳴，重陰□□□簷落。
乍聽淅瀝雨疏櫺，卻憶驚飛下危閣。天地□□靜欲忘，神清夢熟晨光薄。童子
狂呼千樹玉，玲瓏高下臨冰壑。半醉竹枝倒玉堆，全鋪瓊砌眠孤鶴。清光朗朗
照人明，對此無言春意廓。西園昨日試東風，簇簇紅英生綠萼。不知銀浪湧山
窗，多少冰饞鬬綽約。欲上峰頭望白雲，領取寒香伴赤腳。俗骨泠泠塵氣消，
梅花一把寒空嚼。

雪中聞雁和張定庵韻

　　聞道雁門多雨雪，經春北向且徐徐。比來空憶雲中信，惆悵鴻都未見書。
　　銜蘆似欲催歸急，凌雪翻憐寄語徐。總使長空排雁字，春風撩亂不成書。

所見

　　曉風猶帶雪漫漫，歧路驚逢玉一團。春色那堪駃細馬，輸情我欲化香鞍。

詠古交堂垂絲海棠二色丁香

　　裁雪垂雲各露枝，暗聞香氣月明時。春來風雨原無定，處處花開繫客思。
　　紅絲紫蒂已全抽，風送花香入遠樓。留待主人成一醉，十分春色戀枝頭。

張錫公贈詩依韻奉答二首

　　垂垂濃綠發柔條，詩思從君借一瓢。好夢暫依江上柳，離人莫聽雨中蕉。
欲來鳥語雲窺戶，纔罷香禪月滿僚。殘醉空庭吟麗句，孤城沉柝夜瀟瀟。
　　清興□□寄遠條，山人無復舊詩瓢。感君投句堪題竹，顧我□□似覆蕉。
綠秀千峰橫鳥道，白雲一徑接僧僚。幽探勝地誰知己，平子歸田夜雨瀟。

藥圃讌集用前韻呈同學諸子

　　石潭風急漫長條，與子重尋泛泛瓢。黃雪有時穿綠筍，碧苔無意點紅蕉。
已從酒社推中聖，更向詩壇拜下僚。城角孤雲懸落日，危樓一望水瀟瀟。

夏夜張賓公攜酒來飲

祇此空庭客到稀，陰濃夏木一鴬飛。柳因張緒辭春瘦，杯為袁紹避暑肥。醉裏片雲擁月出，座中銀燭帶風微。荒城鼓角黃山下，愁見星芒照客衣。

同友人分韻得阮字

浮雲迢遞橫空晚，對酒雄談清漏遠。一吐風雲似應劉，全澆壘塊如嵇阮。星河坐久當簷垂，花露凌虛知夜返。自是忘機醉不歸，莫言狂嘯予驕蹇。

黃石

當階疊危石，山色來松下。峭仄豈人謀，鬼神何能假。溜雨土花碧，風過鳴空罅。虯柯蔭微涼，垂綠分雲架。倚此聽流泉，神清如可瀉。恍疑虎豹蹲，月出空庭怕。此足盡黃山，咫尺峰巒亞。豈似初平羊，況乃圯橋化。時一命袍笏，醉後尤堪把。靜對佛螺青，靈光從此借。

桔槔

轉轂窺深井，流泉到藥欄。玉龍飛尺木，銀浪赴高灘。留客投雙轄，傾珠跳一盤。忘機聽不厭，詩思夜生寒。

張□□先生命題文官果

寶樹離離擎碧拳，明珠幾顆出層綿。世間好果知多少，誰是如君不愛錢。

古硯　限韻

為題佳硯各分箋，紫玉涵星覆翠鈿。溪水久藏松磐古，空山巧斲栗岡堅。光生寒月清無際，墨滴春波綠欲穿。伴我一窗惟石友，那能對此不拳拳。

藥圃蕉雨廊成誌喜為張定庵賦用原韻得四首

為愛園林靜，尋幽處處深。幾年成幻夢〔註1〕，一日愜初心。轉路生殊境，迴廊抱遠岑。坐聽蕉夜雨，長此伴龍吟。

去山不在遠，雲宿一庭深。不屑同人好，居然避世心。隔窗引曲徑，接院出遙岑。莫惜長松下，朝朝費朗吟。

不殊華胥意，似入桃源深。竹細抽青發，蕉肥展綠心。一樽留嵇阮，五字

〔註１〕定庵即夢景為廊扁，曰：「夢亦同趣。」

厭高岑。最愜幽人想，新蟬隔葉吟。

路折林煙濕，簾開野色深。泉聲分石齒，鳥語入雲心。樹底收黃雪，杯中看綠岑。簟涼回午夢，棋罷復行吟。

山行

岩壑千重路不分，客來踏破一溪雲。傍崖茅屋垂瓜蔓，倚樹村僮看犢群。雨過餘青隨澗落，鳥鳴深綠隔溪聞。斜陽不為催歸去，還立危橋數石紋。

新秋藥圃觀雨

西風連薊北，一夜入鄉愁。雨暗千峰急，雲深萬木秋。空亭垂柳幔，平沼起魚漚。我欲憐蕉葉，聲聲逐水流。

一葉迎風墜，南山雨又來。竹香應墮粉，石潤自生苔。遠岫橫煙鳥，殘棋閣酒杯。浮雲無定泊，花外引驚雷。

夜宿蕉雨廊聽雨

雨雨皆宜聽，況逢蕉葉秋。石泉別有意，竹樹自成幽。綠破垂雲濕，濤驚入夜流。客懷清不寐，湘水下簾鉤。

秋夜吟

蕭蕭啾啾逼夜永，桐稍月落懸高影。孤城砧杵響山根，深巷無人流素景。坐對寒欞君莫悲，多少聞人雙淚冷。離離木葉意憔悴，相逢輾轉臨金井。衣到秋來不耐寒，人到秋來不耐歡。那堪露墮烏啼處，滿庭秋氣拂雕闌。

七夕

吳江木葉一驚秋，是處寒生薊北愁。烏鵲為橋通漢曲，明河垂露濕簾鉤。摽衣我自如南阮，乞巧誰應似柳州。月色滿庭流靜夜，好乘清興作良遊。

又絕句

雙星迢遞隔雲閒，一夜相逢去復還。只恐天孫無限巧，匆匆不及與人間。

古鸞鏡

一泓秋水碧沉沉，翠滴青浮識漢金。愁過洞庭風浪起，雙鸞映月出江心。

方鏡贊

厥體維方，厥用維良。擬懸仁壽，似出咸陽。藏之千年，繡碧文於古水。啟之一朝，發絳氣於寒光。為君子之所珍，乃借照而偕藏。

憂甚

此生無計可如何，處處隨地哭也歌。未了一經愁負債，纔荒百畝苦催科。空庭乍嗽人疑鬼，夢句熟吟醒亦訛。總使天公能見惜，那容我輩不蹉跎。

歸路

歸路試秋風，平原綠未窮。晨煙浮宿鳥，哀螿響幽蟲。寒暑何當易，悲歡古不同。故園深樹裏，惆悵有丹楓。

送呂桐皋之淮安

河上西風雁字分，驪歌欲斷不堪聞。壯遊應作江南賦，歸夢還依渭北雲。淮水城邊秋寂寂，宴花樓下月紛紛。臨歧剩有消魂淚，祇是無言可贈君。

憂甚

無復為雲可認真，日中如鬼夢中人。枕前淚落魂千里，道上塵埋病一身。忍死功名愁馬角，餘生憂患等蛇神。寒空霜老獨搔髮，未識明年何處春。

秋夜

皎月臨虛堂，涼風吹我裳。入夜不能寐，攬衣起徬徨。天高露重如飛雨，寒空寥廓星芒聚。意靜無人一放觀，蛩音切切聽如訴。炎夜逐涼能幾時，流光冉冉今霄度。美人團扇掩輕羅，蕩子雕鞍愁遠戍。秦樓漢塞幾經秋，年來年去人非故。珍重西風又贈別，迷離番辨歸時路。更闌促織響空床，深巷鳴雞振雙羽。枕簟微涼白髮生，獨影徘徊驚四顧。投杵誰家理舊衣，銀河生斷雙星渡。恨不乘雲躡月到，十洲縹緲天風汗。漫遊稽首帝，傍除我煩憂。何羨乎，花發之為春。何悲乎，落葉之為秋。左手攜赤松，右手握丹丘。瑤琴綠醑散清謳，不起茫茫萬古愁。

不寐

更闌無夢到匡床，臥看疏櫺一線光。柝急風高聲斷續，星寒雲沒意蒼涼。鳴雞喔喔聞深巷，梵鼓沉沉出上方。不為秋來衾枕冷，比年蕭索逅重陽。

雨中望長白山

以此知山大，雲中勢更尊。空蒙連野濕，出沒覺天昏。泰嶽分靈氣，華峰同化根。誰能遊物外，摩頂一推論。

遊湖十二首　有序

潙山泊去鄒平十里而遙，長白諸山綿亙其南，北眺湖波，可周數十里。蓮花既放，則一望錦川矣。菱芡蘆荻，又居人所以代穀薪也。踞邑之勝且甚近，遊者鮮焉。驛路星車，未識有左□者否也。秋日，張彝公權伯具舟招遊，輕靄微風，流連竟日。歸途狂醉，騎馬猶似乘船，及火炬連城，則又張氏桃源深處矣。靜述清遊，為詩若干首以志之。同事者，趙榮伸、蘇銘三、馬端思。

原上西風驛路長，攜尊相共說滄浪。多情似欲牽人去，遙指雲隈一水央。
古柳絲絲瘦碧灣，晴空煙鳥自飛還。比來城市催人老，十里荷香盡日閒。
樹底扁舟一葉輕，湖光無際水空明。採蓮莫唱江南曲，只恐江南浪得名。
舟棹輕波翻紫菱，藕花紅白遠層層。鄉心盡逐秋風起，何必思歸是季鷹。
綠鏡窺人粉靨香，亭亭秋水浸斜陽。誰將一幅西川錦，遠近平鋪十里塘。
山繞清波波影圓，秋風長日足淪漣。放舟青草湖邊去，只恐隨波入遠天。
湖君原自厭繁華，何事笙歌似報衙。攜得一尊拚好友，飲時清嘯醉時茶。
菱花芡葉匝清流，處處生香戀客舟。莫道鴟夷能去越，何人不愛五湖遊。
相逢款語一漁翁，特餉金鱗薦碧筒。日暮忘歸煙水闊，船頭坐對蓼花紅。
藕花斷處是清波，半醉湖光嘯後歌。倒影涵虛清徹骨，欲憑流水蕩塵屙。
晚來秋色落平湖，一浸蘆花望有無。返棹芙蓉香去水，山頭回眺繡雲鋪。
水色花香取次收，近城燈火接平疇。沙溪一曲歸來路，重入桃源岸上舟。

雨阻

厭聽三更雨，瀟瀟又徹明。陰雲垂棟合，秋草沒階生。響滴寒花淚，流分落葉聲。誰憐長白道，有客滯荒城。

賞桂和古交堂韻

清香與秀色，惟此足兼之。秋漸不如舊，花開正及時。真堪飲十日，豈得贊單辭。還憶淮南賦，連蜷繫客思。

一樹分秋色，開尊恰對之。香生明月夜，蕊墮曉風時。懷滿情偏適，庭虛冷不辭。更宜書卷罷，旖旎發幽思。

自解攀援意，何妨再賦之。湘雲窺棟日，嶺月入簷時。我酌青尊酒，君成白紵辭。過從常不厭，此足寄秋思。

移來金粟種，秋色更何之。四出別群卉，三開正爾時。婆娑香入夢，偃蹇客留辭。莫作人間玩，高天一系思。

賦得菊花漸開新釀初熟次彝公韻

佳節未經風雨至，菊花先傍酒罍開。幽香醇意原為友，籬下樽中迭作媒。洗露漸舒龍腦蕊，凌寒新試麝金醅。欲知秋色方濃處，醉把金英取次裁。

喜雨小飲

老龍懶卻幾經旬，忽發甘霖四野新。散入寒柯清滴滴，流通古澗響粼粼。麥占南畝春應喜，菊放東籬秋更親。若使把杯無好雨，可能容易一沾唇。

定庵以病困即事詩見示倚韻率盦

病裏成新句，清空字字奇。休教傳俗耳，留此潤詩脾。紅葉寒方妙，黃花晚更宜。祇今喜勿藥，切莫悵非時。

秋夢夢詩張錫公命體得四首

秋夢夢從軍，千騎氣若雲。彎弓截去鳥，磨戟試新文。月沒黃榆嶺，旗翻黑水濆。功成還自笑，血染玉轤駰。

秋夢夢離居，空庭落照余。長吟應自解，短鬢不堪梳。寒逼孤衾入，風摧病葉疏。誰家歌舞夜，雙影醉蟾蜍。

秋夢夢輕舟，煙波倚釣鉤。江天分竹樹，水岸湧珠樓。作意憐蕭鼓，無心泛鷺鷗。相逢桃葉渡，畫舫轉雙眸。

秋夢夢乘雲，飄風曳練裙。朝參廣成子，暮謁武夷君。天樂翻空細，銀河濕路分。下看塵世渺，飛霧自氤氳。

偶成

繁花漸盡覺秋深，細雨微雲度夕陰。聊折一枝紅慰意，尚餘幾樹綠關心。翛翛鴻雁偎人語，肅肅清風入葉吟。高踞石苔搔短髮，離憂原不為霜侵。

張錫公夜索王太平詩集即贈

自是胸中化意深，況逢王子足探尋。片言久矣無唐宋，一夜居然辨古今。最喜開函鐙蕊落，肯教讀罷夢來侵。劍南解者應無幾，君與斯人可共論。〔註2〕

九日，偕王宜兩、張思祖、述公、彝公、權伯燕集河湄園。是日送徐謙生赴梓橦新任，各賦古體一章

微陰灑城隅，景物媚深秋。良會宜長久，勝地恣奇搜。駕言適近郊，名園一何幽。寄興涵清曠，數畝成林丘。昔賢觴詠地，一一墨痕留。家聲尚書舊，群從無與儔。問尊對湖山，染翰如雲流。好友集佳節，為樂復何求。老樹秋陰碧，菊英漸已抽。竹煙迷古洞，枝葉自綢繆。登臨誠雲樂，豈歎別離愁。徐君前致詞，驅車賦遠遊。不知蜀道難，何以解我憂。我起為君酌，君當我為酬。丈夫志功名，萬里不辭修。卑棲匪鸞鳳，斂跡豈驊騮。我聞潼川好，山水甲閬州。風物既以淳，絃歌發清謳。君宰如是邑，寧復見全牛。當同毛義喜，一使王陽羞。滿座聞余言，壯心不可收。浩歌更長歎，茱萸泛綠甌。蘆荻花芒芒，對此泣下周。行行勿復道，白雲天際頭。

又

志士急榮名，努力苦不早。丈夫志四方，豈復畏遠道。九月霜正來，處處皆秋草。游子賦行役，莫惜清樽倒。太華何茫茫，江流日浩浩。登臨一以悲，異鄉令人老。山水有朝昏，離憂不可埽。但道無復念，同心永相保。

又七言近體一章

不禁秋又到重陽，勝地離樽水一方。老樹倚庭分落照，孤雲隨客上河梁。潼關九月驚沙礫，長白千峰憶故鄉。獨感壯遊多意氣，且將黃綬縞茰囊。

長山道中

深林寒雨又西風，四望瀰瀰客路中。雲下遠山石磴沒，雁回平野暮煙空。絲絲隴麥全成綠，瑟瑟霜枝半欲紅。獨往疏林人跡少，隔溪閒老一蓑翁。

夜雨

寥廓山城入夜秋，半床風雨五更愁。簷虛雛蝠飛還墮，苔冷哀蛩響更幽。奔電驚雷圍病枕，鄉心旅夢閣寒裯。誰家醉度雙鬟曲，猶聽瀟瀟泛玉甌。

〔註2〕王詩全宗放公。

遊山詩十四首　各有序

長白日掛屋角，飛青送碧，夢魂俱焉。秋秒，蘇銘三兄弟及家天倪偕顏繼文來觀藥圃。余與張彝公約之，便道入山。

枕上奇峰看未休，芒鞋重繫結良遊。黃花盡被千岩錦，青女初來萬葉秋。山意迎人如舊識，雲心翻鳥擬清謳。登臨且莫期前路，背指孤城處處幽。

至象山莊，張氏別野也。四圍山色，而壞沃勢廓，殊塏爽焉。徜徉樹下，觀彝公與家天倪著棋，張述公亦至，乃徐步而西。

入山不數里，村垣麗深麓。門絕車馬塵，高人有茅屋。群峰列翠屏，微霜謝榮木。老樹一何閒，因風時薿薿。楸枰對落暉，長嘯鳴空谷。山氣深逾佳，何當放遠目。

定庵所云古木清流，一村之勝，全在北麓者，惜余未及見也。

纔試山遊未盡諳，中多佳處不曾探。寒梢古澗應奇絕，空臥白雲對碧嵐。

西不半里，入生生庵，余十年舊遊地也。佛字僧房，不異疇昔，回想已如隔世，不禁興慨云。

十年浪跡擬吹萍，竹院悲來此再經。泉齧石根生舊綠，山懸雲末滴新青。僧雛禮具茶供客，佛閣香聞水在瓶。日夕煙巒深樹杳，枝藜還欲訪仙扃。

乃騎入西南谷，斷流飄葉，時供遊人盼睞矣。望之如綠繡被山者，橭林也，可百畝者二三處。附山之半，無罅焉，其下即柳家庵。

逶迤入深谷，煙靄何淒淒。樵聲起絕壑，石徑析復西。古樹被岩阿，禿乾如削圭。微霜侵柿葉，火齊萬顆低。同心恰數人，良友為招攜。何異從赤松，嘯詠渡前溪。亂流伏危石，上接青雲梯。轉面回峰出，橭林山腰齊。青翠入雲表，猿鳥何能棲。蘭若依林麓，高深盡一溪。此中無歲月，應使漁人迷。

過石橋，立寺門間，而雨作矣。

山意恣靈幻，淺深未可求。流雲增氣象，攜客探奇幽。苔淨石橋穩，煙寒暮雨浮。蕭疏知此地，能不賦悲秋。

禮佛

稽首空王竹徑遮，齊壇幢影靜無嘩。似因法雨分山雨，不見曇花惟菊花。何處名根消淨業，幾時清夢屬仙家。逃禪懶作生公石，庭樹時聞已去鴉。〔註3〕

〔註3〕無住禪師事。

已而設飲，雲氣雨聲，連空無際，乘高一望，不復似山中也，因賦得「山氣渾如海氣深」之句。

灝氣濛濛湧翠盤，全驚雪浪護秋寒。千林滅沒深無際，一閣微茫勢未安。乍聽潮音知葉落，旋疑風信似奔湍。危闌徙倚憑青嘯，浩蕩煙渡入夜看。

梵音歌酒籌錯矣，伏枕聽雨，終夜有聲，彝公得二律，予次韻焉。

暗夜聞秋雨，清歌正不妨。鐘沉雲影黑，水沒葉堆黃。滿酌新□酒，重吟古錦囊。歸田平子賦，讀罷意蒼涼。

見說秋山好，邀朋冒雨來。一龕佛火寂，半夜客吟回。鴻語穿雲葉，鐘聲落酒杯。還思別澗菊，蕭颯向誰開。

晨起促歸，朝旭新晴，山容如洗，北望書堂，有如天上，以雨濘不獲攀躋，遂寓目過之。

山雨初晴洗佛螺，凌晨殘醉出雲窩。昔賢剩有讀書處，古塔經秋掛薜蘿。

觀古栗樹，樹可幾百年，物大數十圍，幹皮如鐵盤，奇離屈中，虛可受人，而歲結子不減年少者。昔張忠定公刻石而旌之曰：「古栗老友。」迷公為余言：「公遇重九日，必具酒酌祭對觴。久之，於今遵行不衰也。」予展拜其下，若見昔賢遺意焉。

紅葉寒柯雨漸凋，亭亭古栗識前朝。千秋元老推中甫，獨對名山似午橋。空谷幽蘭能作佩，小山叢桂漫相招。何如石骨凌霜雪，仰止高風正未遙。

又至生生庵，而諸人別矣。快遊之後，復重離憂，未免有情，能無感耶？
斷塹平遮古梵林，客思渺渺落秋陰。總當歧路休言別，一曲臨風潭水深。
客裏重逢送客秋，山雲汀雁眇予愁。相思遙憶君歸去，還指晴煙話舊遊。

觀藥圃同江南紀伯紫和梅杓司扇頭韻即以贈紀

不意逢君處，霜風入客園。嵐光憑嘯詠，塵氣息亭軒。未覺冬容寂，依然秋思繁。坐驚池上葉，如雨落黃昏。

萬物與時變，及茲一一清。雲迎新度雁，柳謝舊藏鶯。是解歸兮意，非求隱者名。高臺秋沼下，客嘯此間生。

藥圃行應晚，歸簾月漸升。開尊對籬菊，潑墨染溪藤。幽興來何極，清言解未曾。相期醉不厭，切莫學黃丞。

北望燕雲路，紅塵非所堪。何如十日飲，對此一林酣。疏竹肥泉脈，寒苔瘦石龕。此中有佳處，應不羨終南。

夜聽隔鄰作佛事

茫茫苦樂轉車輪，世上原無久住人。虛擬楊枝能起死，徒勞貝葉欲通神。鐘聲響落嚴城月，佛號哀翻冥路春。若解本來空色相，朱顏白骨總非真。

曉行

旭日臨城郭，微陰落遠村。不堪擁短褐，長此驅平原。隴麥經霜伏，山雲帶雪翻。頻年過此地，水咽石無言。

冬至日壽張錫公

仲冬天欲雪，層陰落庭戶。獨坐臨虛窗，萬物為儔伍。百憂逼歲晏，紛來如蟻聚。昔我升茲堂，寒梅英未吐。倐忽驚歲序，春風復秋雨。其中有高人，隔籬揮玉麈。時而啟我聰，拔之於蘭譜。有酒共斟酌，得句為歌舞。我輔更我轍，我斤亦我斧。交道自茲長，文章進千古。披君花萼集，形神託肺腑。秋盡徂冬來，馳逐翻倦羽。常自憶玄言，醉我如醇醑。時遷雲氣變，雁度絕南浦。燭帳夜熒熒，凌寒不可拒。反似雪中春，孤雲暗深堵。以此重懷君，具陳恒縷縷。君自為茂先，百城據玄圃。小語錯珠璣，大言如鍾鼓。況逢長至日，景物媚衡宇。文曜映南極，環佩響圭組。擬將五紋線，並與添壽數。

臘月雨雪有感

昨夜朔風驅海雲，雪花片片隔簾聞。今夜如有鬼神怒，未傾瑞雪先霖雨。枯枝寒凍甲聲雜，高閣浮空玄鶴舞。仲冬已盡雨雪稀，陰陽錯雜群生歒。連宵黯黯氛氛至，仁氣偏能回殺機。野人草野眯休咎，賞罰常祝君王壽。不知今日何張弛，乃致甘霖偏窮畝。漢家欲烹桑弘羊，東海如赦含冤婦。此中感召原非虛，喜對空明進濁酒。

冬杪雪中游藥圃

名園終歲愜幽尋，雪壓梅枝臘又深。最是此中清景絕，寒煙一抹即云林。石古松寒靜有聲，望中晴雪入簾明。微陰落盡千峰出，坐對空林一系情。

時序驚心各不佺，傍山虛閣對寒流。若逢客問桃源渡，門掩沙溪岸上舟。
〔註4〕

除夕　有小引

勞勞終歲，此日一暫息時也。心跡交並，劇更甚焉。古人比之定慧，亦大難事，賦此殊自恧耳。

風波浩蕩失中流，此夕檣帆一暫收。伏枕怕迷身世夢，銜杯且破古今愁。爐中有火煨松木，陌上無金侈馬裘。三十二年彈指過，孤燈忍淚看吳鉤。

賦得山高水長為張彝公壽上元前一日　以下己亥稿

名山高不極，泰岱古所宗。流水發長源，滄海何鴻溶。天地儲靈閟，於茲各厚種。異人一朝出，乃與氣機迎。張君軼世材，秀畫長白峰。家世自欲然，玼履何璁瑢。芝蘭照庭砌，玉樹覆喬松。德輝一以照，眉宇春雲封。跌宕酒中禪，縱橫筆下峰。如山列威鳳，如水奮蛟龍。才大難為敵，道高若不容。玄言翳何麗，名譽冠三雍。帷下天人就，庭趨詩禮恭。學書過歐陽，曠懷失戴顒。斯人見斯世，空谷足音跫。我往為執鞭，逸軌無留蹤。梅花蔭雨屋，香落墨池濃。已見春秋洽，篝火遞殘冬。不才如短線，豈得雲長縫。歲月復不厭，投契以疏慵。巨源與叔夜，常此愜深悰。相知自此久，金石義可共。獻節條風至，郊原雪路松。西望長庚吐，寶氣恒奔沖。生申正此際，燈月媚春穠。星橋連海屋，火樹化仙竻。雲璈奏無疆，流響激華鐘。山川為改色，紫氣復重重。君名在琳扎，傴骨伏心胸。仙才為世重，海嶽表英豐。一蹴致青雲，寶鏡第芙蓉。若隨赤松去，欣然願相從。

過西園

為愛西園日日過，酒緣花事入春多。醉來拜石題新句，雲掛長松月上蘿。
絕勝幽奇誰許過，黃山西去白雲多。石苔雪盡松濤壯，滿壁春風長綠蘿。

二友詩為定庵題松石也

松石高分世外蹤，並來好友遠相從。欲遺香飯仙人杏，為待傳書弟子恭。霜老枝蟠蒼色合，雪消花遍綠苔封。乍逢卻認天台路，知在雲煙第幾重。

────────────

〔註4〕岸上舟，閣名，顏曰：「桃花源里人家曾微聯。」余題之曰：「山雨飛銀瀑，桃花照錦帆。」

答友人用來韻

雨雪空庭晝已昏，曉鐘□□罷盤飧。君方藥裹題新句，我自奚囊落鈍根。忍凍早梅全入幕，欲消殘酒半傾盆。寒窗風急春衾薄，有夢還愁到故園。

友人贈盆梅

數枝無俗意，宛爾備仙姿。寒雪消難盡，春風冷不辭。隴頭逢客贈，笛裏帶香吹。清絕須真賞，花前忍賦詩。

藥圃次韻

近郭園林散步逢，泥松殘雪鳥留蹤。春生溪水波如繡，暖放梅花香漸濃。堪入畫中一片石，最宜人處幾株松。東君化意原無盡，取次韶光為改容。

桃源每向畫圖逢，藥圃幽深與比蹤。綠滴平林春雨細，青分遠岫暮煙濃。流泉活活添新沼，大石岩岩傲古松。總使荊關能著筆，也應奇絕費形容。

再疊前韻贈伏庵先生

佛跡仙蹤不易逢，驚言河漢敢追蹤。全貽白傅奪真曠，豈貌黃初較淡濃。緲緲逸姿縅氏□，泠泠奇響泰山松。一時元季難方駕，況復君家有仲容。

二月晦前大雪連日病中率成二詩

寒威向晚逼春衾，卷幕流風帶雪侵。乞接千峰因凍合，浪堆三尺沒階深。城頭暫歇雞人箭，市上新增獸炭金。總有當年孟處士，梅花迷漫恐難尋。

飛霰穿窗滿凍衾，病來愁緒復相侵。欲燒銀燭風無定，纔放梅花雪又深。積照一庭鋪砌玉，凌寒雙袖拭爐金。明朝莫上高樓望，萬疊春山未可尋。

春已過半雨雪五日夜不止詩以憂之

空庭寒積雪中春，邪丈陰凝恐浹旬。黃竹有歌懷帝子，青山無路問歸人。晨光照幕成高臥，夜氣翻風等幻塵。杲日幾時臨屋角，映將紅萼一朝新。

喜晴詩三月三日

此日雲開天氣新，空明階下淨無塵。晴簷溜雪成新雨，斜照臨窗似故人。修禊何曾虛上巳，桃花猶喜見初旬。相逢卻憶西園路，處處飛香伴客春。

清明前二日歸齋中

徑草無人綠自肥，暫披塵土檢書衣。瓶花春盡開復落，蛛網風翻密又稀。

佳節最憐聽野哭，恨人偏是惜春歸。泥松不敢循階過，獨立空庭看晚暉。

遊營子寺觀會

孝水溪邊古梵林，快逢佳節一登臨。三分春色禪房杏，十里花香客袖侵。歌榭風回聞斷響，秋韆影落見遺簪。青堤多少遊人跡，怕有癡僧作意尋。

贈別卓雲石廣文歸范縣

人生為百年，交遊天下得。奈此百年中，萍影無定色。馬跡與車輪，東西復南北。我從般水來，過君長白側。把苦如夙昔，絳帳星雯逼。諸生盡受經，門可名通德。高吟眾山響，為隱道存直。展齒徧名勝，煙雲飛腕墨。謂可久相歡，傲骨憎偪仄。掛冠意灑然，鶃鵬暫一息。自有幽人樂，豈屑貪雞肋。揮手忍言別，無如歸思亟。官海見津梁，舉世為矜式。萱闈春晝長，菜衣正可飾。所嗟二紀中，去住非人力。君去何翩翩，我留增惻惻。灑淚有停雲，驪歌遲玉勒。悵望君還來，黃山尋舊識。

雪夜觀定庵作畫

造化有靈氣，如君得已全。銜杯對雨雪，落筆生雲煙。此理豈常解，人情不易緣。莫云千載事，只此正堪傳。

絕句

林花處處明，不耐東君薄。春色似江潮，隨風高下落。

初夏遊藥圃

松陰徙倚遠塵埃，嫩竹抽芽破綠苔。池水全清憑雨闊，庭蕉乍放怯風裁。暗聞花氣人應醉，慣聽棋聲鳥不猜。莫惜比來無事事，階前紅藥掌中杯。

鄒平道中

隴麥披披四月風，川原瀰望鬱蔥瓏。晚雲欲下千峰黑，返照微穿一樹紅。梅子漸肥妨鳥啄，桑枝已盡識蠶功。嵐光百里遙相憶，多在黃山霽雨中。

彝公宿瑞禾莊有詩是昔年招飲處也憶而和之

村居負郭對晴巒，曾向桐陰入坐看。秀疊一峰石可語，香清六月竹生寒。軒輖鳥任支頤聽，昏曉山宜柱杖觀。卻憶晚涼秋露下，天風颯颯覺衣寬。

和彝公曉行詩

宿鳥破殘夢，晨光應漸稀。不知山月落，卻問樹煙肥。雨後沙根合，朝來雉子飛。最宜探妙句，逸響自依依。

五日

麥浪風殘四野秋，繅車處處響蠶綢。火龍乘勢方薰骨，艾虎因時欲上頭。從俗不妨包黍角，滌煩還憶借蒲甌。何人令節憑高詠，坐對荆山百尺樓。

五日大雨

雲氣飛飛遠樹生，千山銀竹野波明。高原水落平原溢，大麥濤翻小麥傾。臂上濕絲方繫虎，林中深葉見藏鶯。多因逐客思無極，賦罷湘君兩淚橫。

雨阻不能赴友人約

今節偏宜雨，隨風生夏寒。蟬聲隔葉細，梅子落枝酸。空憶千春樂，翻成一笑難。前村溪水闊，獨坐對驚湍。

連雨

連雨錯朝昏，虛窗海氣屯。流雲棲野樹，潦水沒山村。濕鳥愁無語，欹花盡倚樊。老農方獲麥，柱杖望晴暾。

贈王來用大梁大參由中丞左遷

久開憲府填雄疆，建節重臨古大梁。□戟天中新武庫，文章河北舊青箱。榮分家乘風雲氣，名近君恩日月光。朝野望懸霖雨意，佇看丹鳳下銅陽。

芭蕉

嫩綠冰絲幾卷清，露擎風颭葉盈盈。最宜枕上微涼候，添得窗前雨數聲。

夾谷山懷古

泰嶽東分靈氣殊，千岩秀出一峰孤。雲連碧海光如接，星摘天門〔註5〕勢可呼。鳥道通時懸日月，石屏斷處見榛蕪。當年盟會今安在，齊魯遺風入畫圖。

名山何處試雄遊，突兀奇峰古貝丘。風雨連空通嶽麓，芙蓉倒影入淄流。千年旄羽霾榛草，百里荒煙起暮秋。懸壁餘青勞望眼，寒雲無際迥生愁。

〔註5〕峪名。

茉莉

白雲涼生晚，香風滿戶庭。百花皆寂寂，此夜獨熒熒。不惜沾微露，猶如印曉星。蒼苔凝立處，高下玉雕玲。

名卉來西城，穠芬列北窗。繁花悔有豔，靜對覺無雙。入鬢晨光薄，因風夜氣降。神清人不寐，夢即到珠江。

香妙能蠲暑，花生月滿窗。綠深雲葉葉，蕊破玉雙雙。夜永偏能□，詩思未可降。羊城極目處，晴雪徧寒江。

新秋和彝公韻

殘暑秋侵幕，疏櫺月印圭。臥憐長夜寂，坐見曉雲霾。伏末炎將薄，天空鳥不啼。涼生人意爽，何事賦淒淒。

送友人會試

聖朝賢路闢，非子莫為榮。大孝當於此，及時報所生。道存知己貴，榜借得人名。一近承明後，還期賦帝京。

和王阮亭秋柳四詩用徐東癡韻

蕭條秋意壓林端，幾縷扶疏委畫闌。玉塞無情聞舊笛，金城有淚滴征鞍。絲絲垂綠香魂亂，葉葉飛黃舞袖殘。莫上長堤更極目，晚來風起楚江寒。

靈和爭羨得如伊，憔悴風流入畫師。暮雨不堪消翠黛，曉霜無那困柔肢。赤欄橋上別時夢，黃鳥聲中去日思。惆悵曲江宮殿裏，寒鴉點點噪空枝。

徙倚西風意悄然，搖空寒影盪愁天。白門蟬咽擎朝露，青瑣人歸起暮煙。莫向小蠻歌盡日，祇教張緒憶當年。誰憐月夜平橋寂，猶似纖腰舞鏡前。

離亭昨夜試微霜，嫋嫋風催萬葉黃。怨入琴音思□子，翠雕眉史伴瑩娘。高樓繫馬豈無客，結帶乞詩亦有倡。不見臺城花似雪，殘煙古月綰愁長。

藥圃大石歌

黃山大石如龍首，西望長白擬立叟。千年岩壑臥雲根，一朝怒攜風雨走。藥圃來尋高人居，便與八松為好友。濤寒骨瘦意轉親，巨靈彷彿來相守。絕壁土花面面生，拔空突兀精神厚。獨存太古渾沌形，入妙爭奇無不有。孤峰雪積擬峨嵋，分嶺雨滴涵清瀏。群石傍列似兒孫，大者揖前小者後。此石昂藏意峭然，岩岩傑立松陰久。為山若使非天成，鑿削徒勞一何醜。始知造物悶奇奧，

生來不入俗人手。張君愛爾復題詩，沃以醇醪日五斗。顯晦因人信有時，尤物得所原非偶。秋深綠淨月明中，坐對無言靜者壽。穀城山下若相逢，還憶當年孺子否？

有感

離索偏傷客夜中，床頭無緒聒秋蟲。枕戈何處驚鼙鼓，剪燭今宵落墨筒。欲雨愁雲連朔漠，隨風殘葉下遙空。總期載酒西湖上，明月相看未易同。

苔砌經秋長綠叢，獨來四顧轉飄蓬。庭柯雨滴征人淚，羽檄星馳塞雁風。幾載烽煙魂未定，一時文字苦尤窮。此生燕頷應無分，漫說從軍誰與雄。

秋杪過古城李燕思蓋甫又何留飲浹日贈五言古體三章

高秋登古城，涼風散廣野。李子讀書堂，窈窕青雲下。入門古木深，松雨當空瀉。天虛石苔淨，酤酒正可把。問君有佳句，咳唾珠璣灑。陽春世所希，莫惜知音寡。

所言盡夙昔，乃覺別時久。露坐天氣清，明月生窗牖。兄弟一一佳，顧我為好友。憶昔論文歲，馳逐風雨走。萍蹤五六霜，良會豈雲偶。季子最年少，今踞群雄首。願言心未忘，惆悵金城柳。

欲忘忍言別，秋風原野多。握手望長白，浮雲生岩阿。前村復叩門，索酒重酤歌。驚風驅驟雨，助我醉顏酡。忘形語言誤，不為俗禮苛。晚晴逐馬去，愁思當如何。

短歌行贈友

流風飛雲，去來□□。人勞天地，日月交薰。欲不可長，心則難忘。山有秋冬，水有一方。美人迢迢，我心遙遙。沉吟往日，精神坐消。東臨大海，北渡滹沱。欲往從之，讒言孔多。維憂用老，高天浩浩。思子如雲，何時可掃。□啄瀾天，虎翼歡然。鄒陽上書，駱子鳴蟬。杵急月明，濁醪未傾。干將在匣，床頭自鳴。怨不在多，機不在深。浮雲一散，千里盍簪。

哭子

十月晦日

七月空留處處悲，黃泉穉子竟何之。自離母抱饑難問，一臥荒原冷不知。骨肉無緣野土盡，死生有覺夢魂癡。他年我若尋兒去，地下兒多地上兒。

答彝公見慰

那堪好友久成別，千里秋風返薊門。何處青山客慟哭，望君為我一招魂。

宿似懶園

夢斷迷離殘醉中，梅花窗外月朣朣。忍將兩眼西河淚，臥聽松間一夜風。

懺爐　有序

余蓄一小銅爐，蓋作三螭盤雲狀，可五六年矣。糖結角沉，貧不可常具。山木野棗，亦朝夕供之，藉以暖手烘衣，不敢云好也。用之不倦，有往必偕。此數年中，積煙如純漆，中堅外溢，垂垂然懸乳矣。或謂久薰所致，雖火不投香，而味自欝然。一日，友人剔而去之，煙蕊一時都盡，銅質露矣。夫爐則不佳，欲借煙以為文，不必也。去之良是，以試香且疏暢無礙，何恙乎？其去哉！感念前誤，懺之以詩。

名者禍之根，譽者毀之藪。況乃借人力，豈得云長久。瑚琢失天真，自名為蚴蟉。胸中本空洞，藏灰為火母。薰香與膏名，乃促龔生壽。厚澤不自滌，或者噉其垢。總使爇龍涎，密意如好友。火盡而煙消，熱勢復何有。高人剔積薰，漆蕊同摧朽。掃除本質清，勿曰空顏醜。凡物貴及時，入園無委韭。凡人貴識幾，棄婦不回首。以此猶堪擁，寒雲攜凍手。戕賊不再來，無譽亦無咎。翛然清淨身，達人與為偶。

冬杪自感

愧我今年三十三，常將獨影對秋潭。寒風忍下孤亭葉，淚雨愁侵壯士鐔。雪後白爭雙鬢老，病中黃照一鐙慚。春光漸透梅花萼，總杖青藜不耐探。

除夕

一逢除夕一傷神，仍守枯貧愧老親。四壁蕭然書在榻，千家爆爾竹喧鄰。孤燈自照悲殘臘，濁酒微傾待早春。須信東皇應見惜，肯教我輩久風塵。

雨中過鮑山　以下庚子稿

雨洗鮑山分外清，客塵十里眼初明。空聞白雪思前輩，幾見黃金重友生。流水依然環不注，浮雲猶自下孤城。最憐堤上絲絲柳，日為行人拂去旌。

觀趙伯緘畫青雲寺即贈寺中上人

幾年聞說青雲寺，忽向高人筆下逢。一漫寒雲煙淡淡，數灣絕壁水淙淙。石留客句蒼苔合，月照僧龕薜荔封。靜觀覺來無事事，空齋突兀見千峰。

敦善堂桃花

共飲桃花下，桃花能幾時。春風從此別，無日不相思。

山丁香歌贈張賓公

十七年前山中宿，野人床頭花一簇。夜半酒醒月正高，空山無言香滿屋。此時喪亂少安棲，喜得驚魂醉穠鬱。晨光照戶花亭亭，紫蒂繽紛綴如粟。誰其識者名丁香，寒壑高岩春正馥。自避秦人種此山，年年花發媚深谷。卉木偏爭世上名，寒芳誰辨依山麓。梁鄒張子多好奇，盆中手植媚幽獨。數枝蕭颯有別姿，娟然自倚石闌曲。我來對此久徬徨，如逢故友堪歌哭。樽前贈我花顏酡，紫蕤乍浸杯底綠。臨風一曲舞山香，旖旎依人映初旭。從知不結雨中愁，只恐相思又相續。

客濟上作

曉角秋吟明月孤，荒城濁酒不盈壺。芙蓉開盡相逢處，一浸寒煙望北湖。

九日

無復登高興，空齋九日間。砧聲滿曲巷，雲氣下秋山。臥病茶偏苦，畏人詩自刪。卻嗔黃菊傲，不解慰愁顏。〔註6〕令節催人老，寒花且未妍。那堪對九日，所恨此三年。畫暝初鴻過，苔枯暮雨穿。如何不虛度，閉戶水沉煙。〔註7〕

過梁鄒有感

回首東風燕子飛，夢中猶醉杏花圍。祇今秋草黃山道，孤雁一聲淚滿衣。

送蘇若佩讀書山中　　以下辛丑稿

空山沉冥雪初來，有客攜書上古臺。亂後旌旗猶在眼，春前花鳥欲停杯。東南王氣層陰出，西北浮雲落照開。若向高峰憑眺望，莫因騷雅蕩雄材。

〔註6〕是年菊花未開。
〔註7〕東坡云：「人生惟寒食、重九不可虛度。」

送蘇銘三之樂昌

所欲贈君意，都無言可傳。山川悲亂後，筆扎慎人前。驛柳絲絲綠，春風處處研。一杯非惜別，忍唱渭城篇。

古體一章送蘇銘三

驅馬向南樂，游子意獨真。行行來曠野，河水何粼粼。挽弓望飛鳥，欲射先悲辛。匹翼自哀鳴，相顧求其鄰。丈夫未得志，所恃在一身。在家雖貧賤，骨肉一何親。回首望庭闈，所悲難具陳。去年秋冬盡，雨雪如飛塵。昔時肥美田，化為莽與榛。十室九空窮，猶逢長吏嗔。催科云奉令，不暇哀我貧。況此憂旱霾，倏忽又經春。太息出門去，祈念在仁人。別時送我客，不語意逡巡。夙昔富貴交，心轉如車輪。行矣慎道路，龍性及時馴。

憶昔行贈張定庵時張頌繫者四年矣

憶昔丁酉長安道，與君相逢猶草草。談言對坐古松寒，素心真氣縈懷抱。過從從此錯朝昏，薊北秋風驚浩浩。我時罷哭黃金臺，聞君亦念蓴鱸好。一別茫茫秋水深，濰河歸棹何其早。更欲讀書長白山，塵榻煩君為我掃。古交堂上珍珠紅，銀河半瀉金尊倒。上窮千古下今人，奇文妙理恣搜討。霽雪西園驅馬來，寓目忽驚天地開。梅蕊柳絲春浩蕩，水亭草閣雲徘徊。良夜燭銷城未閉，晴朝花發又登臺。春光遞盡聽蕉雨，秋月常圓照酒杯。君家刑部歸來蚤，池塘花萼爭雄材。今世重逢文字飲，群從分箋葉葉裁。醉後青萍啟寶匣，芙蓉照耀鬼神猜。鼎彝三代見法物，古玉璆鳴音可哀。座客對局髯而晰，精神靜朗如臨敵。花香夜散醉不歸，更飛杯斝揮餘瀝。縹緗萬卷玉籤橫，觀者色飛懸素壁。不恨今逢無古人，古人與我原非迤。香篆入幃空嫋嫋，花氣上階清滴滴。畫禪酒聖雜清謳，商弦一發聲霹靂。此時為樂歌未央，忽放豪吟音何激。三尺魚腸鳴向人，風雨夜涼鬼辟易。誰知造物不相容，無復酣歌石也松。狐狸磨牙虎狼喜，□源黑浪翻雲春。只聞嵇阮敦三雅，幾見巢由戮四凶。風霾沉冥日月暗，罔良得意如群蜂。盧生作賦非難就，晏子脫驂豈易逢。讀君近詩坐君屋，真交自有神相從。西園經歲雪中閉，畫閣春來蒼苔封。不道浮雲蔽白日，空教午夜拭青萍。去年臘盡來雙鯉，欲開未開淚滿紙。君逢患難我窮途，不得相援更相倚。寄情花鳥筆墨精，婉轉顧向有深理。自古斯文窮益工，肯使幽憂困吾子。禍福倚伏非偶然，不虞之譽求全毀。世人欲殺天欲生，如我與君何可死。見說金雞下九天，待君重醉芳園裏。鴻鵠冥冥飛白雲，讒人讒人等螻蟻。

贈南樂令

代友人作

金堤西望白雲高，循吏聲名並漢曹。已識雄文尊海岱，佇看仙令下旌旄。印床香細聞清詠，東閣梅開散彩毫。若得徵書隨入計，春生繁水憶綈袍。

贈王鹿瞻

崆峒去後鮑山沒，不意千秋見杜陵。古屋欲留三日響，塵心難破一宵鐙。怕聞鬼哭驚寒夜，疑有神來入夢稱。筆硯欲焚埋舊草，何當下士說蒼蠅。

偶成

浮雲萬里奈愁何，放眼乾坤一醉歌。七子雄文驚浩蕩，千年沉戟怨消磨。孤城返照橫林出，驛柳春風入恨多。欲向東南瞻勝概，摩空丹嶂自巍峨。

二月晦日憂旱

二月已盡悲蕭索，四野濯濯春風乾。隴麥如絲向人死，黃埃蔽日吹風寒。滇南戰士枵腹立，直北流民羸骨攢。歎息老龍懶不起，故人書莫勸加餐。

春晚

春歸何處路漫漫，又見新鶯出上闌。故國煙花迷遠塞，離亭飛絮下征鞍。黃塵日落青山老，紅袖風催綠樹殘。不斷愁思來曠野，浮雲西北是長安。

春盡行長山道中

何處離思弔客春，天涯芳草一歸人。空山落日荒平野，古陌飛花卷路塵。西子魂消香水夢，明妃愁絕漢宮身。總教莫惜千金買，翻愧榆錢滿地貧。

詠美人詩五十首　有序

天下無益事，惟有作詩。飾浮長偽，於三百篇何當乎？無已，則詠史耳。上下古今貞淫成敗興亡之故，忽焉感懷，曠然情生，旁見側出，談言微中，與勸懲之意，或有合焉，則詩又烏可已。已，詠史者，古不一家，近世弇州百篇，尚矣，陸處實為百絕句，而人各一詠，事鮮旁證，似於史未盡焉。張心友作詠美人詩五十絕句，余亦如數傚之。但張詩頗採明媛，余隘於耳目，恐成掛漏，概不敢登，以俟續成。即前代間有增刪，各從所見也。張詩自詠美人，余以詠美人者詠史，所謂長聲硬字，仍吾儕耳。形穢之歎，其何免焉。

湘妃

九疑南望似煙鬟，一駕蒼梧竟不還。千載淚痕留苦竹，至今風雨暗湘山。

西施

苧蘿山下負薪歸，乍入吳宮飄舞衣。載去扁舟香水闊，五湖煙月照時暉。

紫玉何氏附見

氣結三年宛頸歌，黃壚猶自憶張羅。明珠贈後音塵絕，不及鴛鴦棲並柯。

美玉

吹簫跨鳳去秦臺，下望人寰亦可哀。爭似桃花千萬樹，招將劉阮住天台。

虞美人

和歌垓下烈如霜，不分人間有漢王。舞草千秋應化碧，娥姁陵上牧牛羊。

戚姬

愛子如何付木強，楚歌楚舞恨君王。當年留得韓彭在，產祿何由入未央。

李夫人

倏來倏去美嬋娟，別館承恩已數年。夢裏蘅蕪香未歇，通靈臺又築甘泉。

麗娟

明離寶帳不生塵，纔唱回風一曲新。莫使延年重和曲，傾城又進李夫人。

卓文君

車騎當壚任去來，英雄不避俗人猜。茂陵未娶還消渴，始信文君是愛才。

班婕妤

玉階愁老綠蕪長，栢館增成處處霜。盡日秋風掩團扇，夜深歌舞起照陽。

趙飛燕合德

遠條館畔起瀛洲，公子涎涎擊玉甌。若是隨風果吹去，免教禍水漢宮流。

秦羅敷

高樓春曉切浮雲，陌上直詞謝使君。杲日東南照桑葉，莫教微露濕湘裙。

王嬙

蛾眉數載怨秋風，便嫁單于出漢宮。一曲琵琶青海月，蹛林臘火遠山紅。

甄后

今年破鄴為阿奴，失意翻嗟塘上蒲。子建漫留神女賦，令人千載怨模糊。

薛夜來

清風輦路起香塵，百子鈴車照夜春。宋臘歌殘搖絳樹，一時寵愛失針神。

二喬冢在巴陵

百戰風流霸業消，神亭赤壁落江潮。東風依舊迷銅雀，誰向巴陵弔二喬。

桃葉

秣陵春色片帆開，笑指烏衣巷口來。斜日渡頭風浪急，待君同上鳳凰臺。

綠珠

珠簾錦障紅珊瑚，清水臺邊碧玉鋪。腸斷篴聲殉衛尉，千秋人憶墜樓圖。

翔風

別玉觀金二十年，寒蛩新褥可人憐。若非群少排胡女，金谷樓中化杜鵑。

潘淑妃

樂苑平明宮市開，梁兵已報上江來。金蓮玉壽知何處，秋雨年年長綠苔。

蘇若蘭

流黃明月織璿圖，為寄襄陽問故夫。自是佳人憐錦字，莫吟山上採蘼蕪。

蘇小小小青附見

相思無路啼幽蘭，松柏西陵弔月殘。惟有小青能愛惜，雙墳常伴落梅寒。

張麗華

江南誰唱後庭花，結綺香風散彩霞。若使青溪逢阮籍，剩憐才色苦兵家。

盧莫愁

石城門外莫愁湖，黛歇香消任客呼。風起夜來波浪闊，卻愁寒雨沒平蕪。

侯夫人

香消玉輦幾曾遊，命薄黃泉祇自羞。不見青燐燒玉骨，何須忍死望迷樓。

吳絳仙

蒼螭夾岸柳絲高，殿腳佳人露錦袍。一斛青螺描不盡，雷塘暮雨咽江濤。

紅拂伎

畫衣執拂洗雙瞳，邂逅驚心李衛公。自是今人悲落拓，古來女子識英雄。

安樂公主

箝詔斜封拜主恩，畫眉寶鏡碎宮門。空傳光豔驚天下，莫說私池號定昆。

上官婉兒

昆明沈宋決雄雌，天遣稱才入夢奇。一代文衡推女子，令人愧煞是男兒。

韓夫人

好句將迎仗御河，宮中流水也情多。內園從此拾紅葉，個個題詩付綠波。

江采蘋

花露朦朧竹樹間，古梅綿袖葬紅顏。從教棄擲軍中死，不洗胡兒安祿山。

楊太真

浴罷溫泉舞上陽，馬嵬腸斷舊霓裳。他年雲海逢仙闕，還擎金釵獻上皇。

虢國夫人

虢國承恩更有名，駢騎寶馬出華清。須知凝血陳倉獄，不為君王為弟兄。

張雲容楊貴妃侍兒

繡嶺宮前試舞衣，紅藥羅袖彩雲飛。還生信有真人力，月下良緣松露微。

薛洪度

美人家住百花潭，花發菖蒲照錦函。不見彩箋舊時樣，蛾眉山半望晴嵐。

玉簫

三年好約頭陀寺，七載愆期鸚鵡洲。死別感恩還作妾，可憐小玉卻成讎。

關盼盼

十載游絲網鏡奩，霓裳紅袖淚痕兼。舍人莫漫題新句，燕子樓空不下簾。

雙文

蕭寺殘春處處愁，垂鬟凝睇尚含羞。當時不遇元才子，閒殺桃花映小樓。

紅綃

繡戶雲屏隱翠璫，無瑞手語誤崔郎。當時不借崑崙力，總說神仙枉斷腸。

小蠻樊素

櫻桃也唱永豐詞，楊柳還應舞拓枝。兜率宮中人已去，西湖歌舞盡相思。

霍小玉

恩斷紅顏薄倖人，烏絲有誓總非真。誰憐舊日王家女，化作秋原陌上塵。

紫雲

錦瑟銀箏列綺筵，姓名驚問杜樊川。美人莫惜為黃土，博得分司一笑傳。

李娃

繡幕花明午夜缸，玉人聯影照紅窗。他年相送蜀州道，不負當時棄曲江。

魚幼微

暮雨清歌鎖寂寥，滿庭春色豔心驕。咸宜觀裏渾無奈，更賦夗央殺綠翹。

沈阿翹

新聲別奏古涼州，玉響金環足贈酬。此後休歌河滿子，君王雙淚幾時收。

小周后窗娘附見

百尺樓前整玉釵，沉沉宮漏下香階。不知素襪如新月，何似偎人金縷鞋。

花蕊夫人桓姬附

灌郎潛拜涕潸然，無復宮詞續舊箋。今日蜀亡輸李妹，將軍寵愛主猶憐。

李清照

一代填詞漱玉函，奇文金石費幽探。亂離悔載扁舟去，老卻江南望濟南。

朝雲

歌喉繚轉淚熒熒，頓悟禪心冷畫屏。夜叩金山飯淨業，梨花夢斷月中庭。

管道升

染筆天工出慧心，王孫風雅重知音。今生不用和泥塑，春日獨彈松雪琴。

遼蕭后

妝樓疊翠起層岩，香枕金鋪盡日緘。啼鳥夜深悲舊跡，前朝風雨老松杉。

至鄒平贈張賓公時坐會景園夜雨

白雲渺渺黃山麓，憶爾吟詩坐草堂。簾卷松風吹暮雨，帙開花氣伴焚香。青衫自下當年淚，紅燭新傾此夜觴。浩蕩煙雲愁極目，幾時重與對胡床。

曉雨

簷牙向曉瀉寒流，庭院風來颯似秋。綠樹有花搖砌水，石闌無語倚高樓。霏霏雲氣窺窗入，晶晶溪光接澗收。悵望西山煙欲濕，餘青飛送到林丘。

雨後疊前韻

雨後苔光拂砌流，滿庭新綠碧於秋。微雲夜卷垂銀漢，杲日初臨入畫樓。杯底峰陰天外濕，林端鶯語座中收。登臨更憶南山下，麥浪增波第幾丘。

喜晴和李又何

一夜涼生處處苔，雨餘三徑足徘徊。雕闌榴火當軒照，平野山光拂袖來。向曉幽人時獨往，微寒新燕自飛回。登臨切莫矜綺思，郢雪誰過鄴下才。

贈李水樵侍御

嵑湖曉色近何如，聞道函山得異書。香滿印床青桂發，涼生石壁綠蘿虛。
官閒但著南山賦，興到應尋北渚居。最是金輿遙望處，撲天青翠滴芙藥。

麥浪

郊原五月錦如秋，萬里驚濤大地收。高下黃雲生遠渚，淺深綠浪卷奔流。
因風湧翠潮聲寂，微雨增波夜氣浮。莫以懷襄嗟粒食，天恩浩蕩溢平疇。

五日，同蘇若佩飲家裕如，抵暮聞蘇銘三歸自山右，雨中過晤話別，即贈

當軒榴火媚芳辰，菖歜樽開舊事新。星鬢幾年驚艾葉，龍舟何處賽蠻神。
漫憐北極更新主，且望西山來故人。匹馬過君逢暮雨，蕭蕭別緒一鐙親。

代贈歌者

荼蘼著雨夜生寒，散入歌聲繞畫闌。風動落紅沾舞袖，何人不作掌中看。
別院春歸玉樹新，綺筵驚見失佳人。青溪莫唱小姑曲，誤煞陳思賦洛神。
羅縠春風隱意裁，碧桃花下玉笙哀。雙眸羨爾如秋水，那得臨波照影來。
一曲新歌百感興，舞腰穩稱舊文綾。堂前未下葳蕤鎖，自向西原學按鷹。
霜鞲寶馬跨珠鞍，風起長林羅袖寒。彩燕花間追去鳥，王孫不復愛金丸。

古體

五月二十日，登樓南風來。平楚肆無垠，浮雲真可哀。古城十萬家，丹
甍列天開。日月不可度，夾道生青槐。渺渺塵中人，四顧驚裴哀。少年既已
失，傲骨磨黃埃。平生矜壯志，所向無前摧。誰知造物意，不如人所裁。大息
感鬼神，淚下如春醅。西望長白山，綠岫懸青苔。瞥見古仙人，含笑凌層嵬。
順風揖我前，顏色如嬰孩。告我以大道，委曲盡根荄。形動精不守，浮名非真
才。離躚斯世間，勿為俗子猜。拓此萬古胸，遊神於九垓。他年攜手去，白雲
在天台。

新秋途中口占

漸覺西風至，薄寒動客衣。鳴蟬因雨急，草樹帶山肥。旅思愁無定，孤雲
去不歸。還期對高閣，綠野照熹微。

喜雨

空山銀竹幾千尺，卷碧飛青送綠波。自是天心能愛物，頓教野色起枯禾。聲連遠水秋無際，涼入寒窗夢不訛。聞道催科今又緩，西風把酒意如何。

秋夜聞笳

虛閣初涼夜，清笳我獨聞。哀音何處發，愁緒此中紛。簾下知風勁，寒來憶雁群。憑高不可望，草樹盡連雲。

登樓

直上岧嶤俯碧空，闌干獨倚望西風。萬家煙火秋雲上，十里松原暮雨中。笛裏微寒生薊北，尊前感舊憶江東。諸峰突兀憑探索，散髮高吟也自雄。

夜雨

滴滴簷間一夜鳴，空床起聽百愁生。雲連古戍傷心地，氣接寒江逐客情。耕火歇時明續火，蛩聲似處辨雞聲。推窗暗識荊山道，感慨煙深遠樹平。

曉起觀雨

憑闌真見水平階，拂拂山雲霧陣排。平楚何人過孤樹，莎根還憶發空崖。似聞瀑布聲填壑，卻望秋陰綠滿街。松柏茫茫池上雨，夜來行處不堪懷。

雨中

枕簟涼生一夜秋，關山風雨眇予愁。欲憑長白看雲氣，不見於陵盡古丘。青女未來愁落木，蒼煙如新接寒流。無人盡日悲蕭索，怕有笳聲入遠樓。

閏月七夕時久雨初晴見月

晴雲照纖月，七夕重此過。未必昔時鵲，還填今日河。停梭勞久望，乞巧愧無多。獨有幽人意，空庭立素波。

促織自書中出

殘編紛不理，數卷淡秋思。愧我枯吟日，逢君振羽時。雕蟲嗟已久，脈望恐非宜。愁向寒窗夜，長鳴似詠詩。

鄒平道中

長白峰頭雲葉青，碧天秋老芙蓉屏。又逢七月黃山雨，忽憶三年聚客星。煙外鐘聲聞別磵，橋邊樹色起孤亭。垂垂古驛傷心處，高柳歸鴉自墮翎。

中秋

此生快意惟秋月，況是清暉正滿時。萬里寒星光盡逼，千林華露葉空垂。深江自照魚龍夜，苔徑全鋪翡翠枝。處處喧歌簫鼓發，狂夫獨坐學吟詩。

夢硯破

好月明秋夜，此時非夢訛。驚心看硯破，幽恨惜情多。石古窺人意，文窮長物魔。還將煉五色，洗爾向天河。

秋望

群峰斷處暮煙升，潦水全收入曲塍。南望浮雲連嶽麓，西來秋色滿於陵。天涯木落傷為客，野磧沙明見按鷹。惆悵千里興廢地，東皋如舊幾人登。

不寐贈友

長夜愁多夢，翻成不寐愁。虛窗生暗白，老樹鳴深秋。臥鐵懷征戍，忘機失海鷗。黑甜應羨爾，短榻自齁齁。

山行九日

高低雲樹接岩阿，十里寒沙渡古河。馬道遮紅交柿葉，山腰垂綠滴煙蘿。風前怕墮參軍帽，籬下還聽處士歌。卻憶故人行採菊，遺騷讀罷酌銀螺。

九日有感

搖搖紅葉鳳凰山，斜日西風匹馬還。重九自傷籬下菊，三秋誰駐客中顏。石田荒盡愁增稅，蟲蛺雕餘未破關。惆悵幾年魂夢老，暮雲空自裊煙鬟。

秋晚贈別朱古任之京二首

秋色行將盡，離樽此地逢。朔風來雁字，寒雨下芙蓉。客夢笳聲急，歸懷秋興濃。潭沱幾日渡，北望暮雲封。

百粵遊應倦，三秋此漸過。浮雲生易水，匹馬度交河。王粲登樓賦，梁鴻

出塞歌。還將投筆意，相待嵫湖波。〔註8〕

送應兒為白衣庵其心上人弟子

旭日照琳宮，緲緲佛光度。平原多秋風，梵籟空中布。閣靜慧鐙明，落葉如花雨。我來叩祥雲，五濁滌甘露。年三十五歲，七月嬰兒足。願借楊枝水，永除災難怖。投志依法門，不受俗緣污。是兒多智慧，栽培成道樹。我佛駕慈航，咫尺金繩路。欲識靜中音，此心無所住。

李燕思贈菊賦此誌謝

經年種菊主人力，借我窗前顏一歡。雪蕊金英香在榻，清言苦茗夜生寒。秋容九月疑臨桂，靜意十分欲勝蘭。對此坐臥耽幽句，晚風吹落何能餐。

有感

菊花盡放秋將老，日暮空庭有所思。霜到芙蓉湘水闊，風來楊柳渭城悲。清笳獵騎黃雲戍，濁酒山村紅葉帷。四海一身愁白髮，石龕長嘯□靈芝。

愁望

高秋宜遠望，斜日亂峰寒。野闊鴻初宿，天空綠未殘。浮雲飛大墅，蘆荻沒深灘。不見村東樹，溪流葉葉丹。

城中行贈趙漢思兄弟

驅馬前渡河，渡河見城邑。城中人居少，道路行且泣。下馬逢君君正悲，握手無言心自知。九月寒風吹短褐，黃沙烈烈走狐狸。甲興以來二十載，干戈水旱非昔時。小丑大猾須戰鬥，東連倭海南滇池。西北款塞貢駝馬，黃金百萬賞文綺。自此中原民力竭，羽書猶自馳星月。君王旰食宰相憂，用兵兵連何時歇。破家為國誰無心，所嗟家計久消沉。一畝之田二斗粟，賣粟買錢重買金。粟盡嗷嗷向溝壑，部符如雨來更深。官漕秋稅兼逋稅，練餉新增定新制。期過一月鐵銀瑲，冰天瀚海何能貰。六年優免一朝催，書生面面如寒灰。片時同語候同戍，異域遊魂正可哀。昨日公文縣中下，濟南官軍來養馬。百萬豆茸連宵輸，大車小車聲啞啞。居民無食復無薪，官家猶怒吏又嗔。不知盡逐幕南去，明年國課徵何人。

〔註8〕朱有詰歲還濟南之約。

夜雨

入夜層陰合，庭柯滴滴生。虛窗繁客思，高閣自秋聲。鴻語逼孤枕，燈花度暗□。開簾雲葉黑，空見水波明。

秋暮用安素中韻述懷即呈燕思兄弟

到門黃葉掩西流，霜淨寒沙處處幽。一日可無袁粲竹，十年重御李膺舟。秋深抱病無新語，世亂依人感舊遊。鼉鼓多方驚醉眼，忘機爭羨水中鷗。

白雲隴上去還歸，徙倚石闌看落暉。談易幾年學管輅，說難猶自誤韓非。風摧晚籜如聞雨，霜下寒砧正搗衣。最是比來蕭索意，重陽已過雨霏霏。

鳳凰山東麓門

向晚登臨四望開，白雲東去水西回。葉凋遠樹天方闊，霜洗寒空雁正來。抱岸孤城無睥睨，依山落日出樓臺。卻愁故里蕭條甚，立馬遙聞畫角哀。

初冬古城道中大風

烈烈黃沙白晝昏，西陵松柏接雲屯。空山落木全無色，遠浦依城淡有村。是處饑烏啼舊壘，何人獵馬驅平原。寒流古寺橋邊路，日暮僧歸自閉門。

贈鮑素園兵備西寧

朔雲窈窕掛行旌，建節遙臨古浪城。玉塞久知班定遠，湟州今見趙營平。搴帷雪盡龍堆暗，攬轡風高雁陣橫。到日柳條愁絕域，一聞羌笛帶春生。

曉霧

山城殊未雪，杳靄似江天。平楚寒光逼，空林水氣懸。靜來聞獸鳥，坐久憶重綿。玉塞人何處，閨中惜去年。

雪望

一夜朔風千里雪，光分岩壑玉零熒。浮雲今見連沙漠，塞雁何時過洞庭。官舍梅花將破蕊，野橋柳色未含青。此時正憶高陽侶，圍火寒窗注酒經。

石燕翼以雪中即事詩見投依韻率畣

庭雪留殘照，開尊散別愁。綺思矜上客，香篆湧寒裯。避世惟金馬，逃名付玉甌。醉來重洗足，應脫紫貂裘。

明燭照寒席，空庭回朔飆。古今成幻聚，天地此虛僑。紫蟹來千里，清酤盡一宵。鄰家酒正熟，還待雪中招。

王師

十萬王師發禁城，朔雲漠漠暗塵驚。旌旗影照扶桑樹，鼓角聲嚴細柳營。已道將軍齊解甲，卻愁野老盡呼庚。欲憑長白山頭望，幾處吹煙慘不生。

臘歸有懷齋園漫成七絕簡燕思兄弟

蕭條歲晏感離憂，竹徑松林一系愁。溪水回風人不見，西來山色閉高樓。
羽書千里暗龍沙，底事匆匆改歲華。還憶青燈纔罷飲，共君兄弟看梅花。
日日南園不厭過，古松奇石長藤蘿。夜來夢到黃梅樹，開徧檀心喚奈何。
竹西亭子暮煙孤，平望山雲淡有無。庭樹應知春意早，常將綠影上階鋪。
偷春柳色似鵝黃，半倚牆陰半拂塘。隴首寒雲沙月白，夜深空照一林霜。
登樓古寺樹寒煙，寺裏青槐不記年。古道人歸知市晚，乍聞清磬自悠然。
明燈高閣夜闌時，沉水香消似縷絲。幾日別來塵夢老，清遊兩地一相思。

正月三日對雪　以下壬寅稿

東風喜見發柔條，好雪乘春盡一宵。不斷寒雲連紫塞，乍聞歸雁出青霄。山櫻滿意根先活，梅萼還愁凍未消。卻憶郊原快俠少，呼鷹走馬上平橋。

對雪自忘天地闊，娟娟雲物靜含芳。臨風怕著春衣濕，煮茗還餘臘味香。鳥宿枯枝巢已沒，簷垂冰箭榻空涼。明朝攜友一嘗酒，南畝行看麥葉長。

雪甚念東征將士

慘慘雲生古戰場，朔風寒勁馬毛僵。貂圍錦帳將軍暖，粟挽層□道路長。北望烽煙□九塞，南來檣櫓接三湘。瀟池怪爾抒螳臂，天下於今□富強。

東去陰凝接大荒，崑崙殺氣日飛揚。三山亭上旌旗暗，萬里沙中鼓角長。戎馬夜呼歸戰壘，饑鳥晚宿傍宮牆。祇愁浴鐵寒冰夜，春夢何堪到朔方。〔註9〕

人日夜夢又何晨起客至談雪狀乃紀一詩

春風暗入窺衣薄，花勝遺來不耐寒。夢覺一詩懷李白，雪深三尺臥袁安。辛無鼕鼓驚村夜，可有餘樽酌凍盤。客子衝泥涉范水，松林見說玉漫漫。

〔註9〕崑崙，山名。三山亭、萬里沙，地名。

雪中望長白山用日損堂舊韻

連朝積雪掩柴關,長白雲間一破顏。豈是醉看雪浪石,卻疑夢到點蒼山。流泉響處愁先豁,妙語收來興不慳。撲面寒光清徹骨,總成狂囈未須刪。

過長白山

冉冉雲生落日斜,谷中流水漱谼谺。欲尋白兔仙人去,百里煙嵐護杏花。山色披連似綠波,白雲深處長藤蘿。行人但向峰頭立,平眺湖光足嘯歌。

遊齋園看梅同又何子常貞子

古城大道起春風,垂楊十里青蒙茸。朝煙綺接西山裏,斜日香飛上苑東。西山上苑連高閣,雲母屏開映珠涫。趙女新妝拂素箋,吳姬舊恨吟紅藥。素箋紅藥重生輝,處處香塵亂撲衣。玉關柳色黃河外,金谷桃花錦障圍。玉關金谷埋荒草,勝地尋春春未老。名園野竹撐青雲,古澗寒松森翠葆。我來下馬□前楹,煙靄迷離最有情。千樹梅花紛綠萼,半池春水□紅英。中有一株更奇絕,幽芬橫斜如冰雪。驛使書中恨渺茫,江城笛裏聲嗚咽。同心恰對兩三人,拾得飛花鋪繡茵。鸚鵡杯中看落照,蒲萄醉裏戀芳晨。干戈滿眼春無極,忍對名花負春色。只恐明朝風雨催,欲去攀條三歎息。

贈燕思兄弟陽丘赴試

百里春光別,多君重此行。黌堂花照雪,繡水夜侵城。千載論文字,一時推弟兄。雨中動離思,西望暮雲生。

窗前桃花

獨樹桃花發,臨窗足豔觀。赤霞蒸曉日,紅暈罨輕寒。幽意逢漁父,多情寄所歡。祇嗟連夜雨,不向月明看。

敦好堂詩集卷二

涵煙草壬寅六月二十日至中秋作

袁松籬著

立秋夜寫懷三章

夜涼不能寐，頓覺秋氣來。蟋蟀鳴空床，音響一何哀。浮雲撩四壁，素幔生塵埃。側身騁極望，意盡難為開。呼嗟帷中人，魂去無時回。

相從十九年，恩愛兩不移。中多經喪亂，生死幾參差。不得兩相守，謂可兩相知。構言起身後，誰當為辨之。泉路自茫茫，鬼神不可欺。持此皎皎心，永言以相詒。

留我掌上珠，氣骨好男兒。如何奪所恃，念此使人悲。長日啼向我，索乳與之糜。登堂叩房門，挑燈卷素帷。徘徊室中哭，仰天魂為癡。我生冰鐵腸，意慘不能持。念汝十九載，隻身無附枝。子女昔六人，一一秋蘭衰。生人意已盡，槁容銷膚肌。去年育此嬰，病中為開眉。喜甚翻多慮，食息不曾離。冀及見成立，慰汝生平思。一朝棄此去，魂靈痛不支。冥福如可祈，願以保多禧。

悼亡六首

死去憂難釋，生前苦自知。家貧顏易槁，兒病淚如絲。骨肉緣空盡，靈魂夢不移。可憐十九載，無事愜心期。

非關兒女意，門戶苦崩衰。望七雙親哭，週年一子悲。終朝垂素幔，永夜閉深□。又到薄寒候，黃泉恐未知。

臘盡已沾病，經春復夏徂。堪憐一息在，猶計百年圖。豈暇安床簀，空嗟守藥爐。逝魂今杳杳，誰為撫遺孤。

鬼神如有覺，汝去置何之。半載壺中血，三年鬢上絲。但能延病喘，差可

護佳兒。豈意中庭月，偏當照別離。

忍死為生計，艱難哭自吞。蛾眉凋病後，雞骨悵空存。涼雨時侵榻，秋風自閉門。向來拮据意，太息聽黃昏。

百憂攢病骨，抱子一開顏。入夢驚啼笑，臨窗望去還。暫離猶惻惻，長棄任潸潸。廿載艱辛業，書香意頗關。

絕句

秋來草色沒青窪，露滴香生雨更加。行到後園人不見，可憐開盡玉簪花。

題鏡

幾載臨窗對玉顏，驚心憂喜鎮相關。祇今明月懸秋水，無復鉤雲寫遠山。感舊自憐常寂寂，窺予何事恨班班。前楹綠靄搖空樹，錯認人來印曉鬟。

七夕

一庭涼月靜娟娟，天上相逢有舊緣。莫為長離悲令節，但能重會即神仙。誰家乞巧陳金縷，我自招魂擎翠鈿。盤裏蛛絲難續命，愁聽深樹聒秋蟬。

妻亡後，無以為奠，搜得儲醾一瓶，是亡妻手藏者，已三年矣。味甚醇冽，乃成一詩，侑而酹之

藏來斗酒已三年，到此開罌倍愴然。不似昔人攜赤壁，卻令今日奠黃泉。鬱金香老魚燈暗，琥珀紅生竹葉鮮。還憶當時耐冰雪，糟床夜注不成眠。

雨中手為應兒浣衣

誰教汝無母，衣衫積垢多。異時尤好潔，今日竟如何。澣舊添新淚，悲秋正雨沱。哀蟲晚更急，切切助幽哦。

寄懷齋中南園簡李燕思窗兄晜弟

聞道南園秋更嘉，古松亭畔結青霞。臨風怕是凋桐葉，有客來應看菊花。奇石月明還射虎，老藤雲宿半藏蛇。西山盡日延清眺，莫遣離思賦夜笳。

夜雨

一夜西風卷怒雲，庭柯聲勁隔簾聞。半窗雷擊光明滅，三徑波翻影聚分。原上稼禾愁盡濕，溪邊鷗鷺想成群。關心籬菊妨摧折，無復幽香得似君。

一雨終夜聽不徹，空床撼起獨徘徊。窗間疑有黑龍鬥，天上誰挾蒼江來。
淚送鮫人愁木葉，夢為神女泣陽臺。洛妃乘霧知何處，望盡長空真可哀。

大雨孟德符兄弟來愧不能留感而賦此

沖泥客到門，煙火閉荒村。空濕南州絮，難留北海樽。水光浮樹杪，雲葉
度高原。西望於陵道，愁思逐雨翻。

續唐

冥漠黃泉哭不聞，濁醪奠罷淚紛紛。塵生架上盤螭鏡，香滅匣中舊蝶裙。
望斷西風連暮雨，愁來落葉裹寒雲。窗前草長昔遊處，無復苔光斂印紋。

誌感

一死空嗟去路長，楊枝貝葉亦茫茫。紙錢地下如堪用，只此能焚數十張。

亡妻五七成詠

五七今宵過，天人路更遙。隨雲悲冉冉，疑竹聽瀟瀟。潘岳愁能賦，莊生
歌且謠。夜深搔短髮，無夢漸相邀。

題又何窗兄贈扇　有序

又何工楷書，夏日以詩見遺。予繼有有內子之變，又何亦哭其進士伯兄。
天地無情，傷心兩處，披玩之際，揮淚成詩，非徒感恩於篋中也。

攜來贈扇如冰雪，筆意娟好凌亭雲。涼風當暑親懷袖，素影搖秋怨離群。
知君鶺鴒不忍見，顧我琴瑟豈堪聞。空令對此坐清曉，悵望西山嵐氣分。

曉望

微雨鶯添滑，荒村角自哀。秋天正白露，空地滿青苔。寥廓愁無語，登臨
意不開。西風看又急，多是薊門來。〔註1〕

山行贈居者

策馬亂流中，斜陽幾樹紅。雲腰憑古壑，石齒響哀蛩。亦有籬邊菊，時聞
松外風。到來迷出處，真不愧為農。

〔註1〕寥廓，用《美人賦》中語。

雨中

病骨支離怯夜殘，黃泉一別路漫漫。西風盡日飛涼雨，只恐羅衣不耐寒。

秋日過環山有感三首　有序

甲申之歲，大人攜家自寇中逃出，半夜遂抵此山，憑石少憩，舉家幸無恙也。不數年，殤我弟，今又喪吾妻矣。秋日過此，疊石依然，一一能識其處。倉皇竄伏之狀，如在目前。驚悸未平，半登鬼籙，賦此以代痛哭，不暇計工拙也。

秋日矯首一燈臨，石徑荒涼悵獨尋。鐵馬金戈當日淚，黃泉碧落此時心。三峰突兀雲中出，萬木蕭條溪外陰。何處野歌悽欲絕，隨風嫋嫋下空林。

匹馬山阿白日昏，懸崖古寺不開門。愁來向憶千村火，亂後難招九逝魂。幾處樵歌聞痛哭，異時華屋見荒垣。自憐身世真如夢，生死茫茫豈易論。

空山黃落帶燒痕，猶是昔年避寇村。澗底寒泉流剩淚，草中苔石貼驚魂。一身徒老全無補，八口為家半不存。欲向峰頭重問訊，可憐白骨舊乾坤。

不寐

皎月入簾明，詩思向夜清。砧聞纔一處，蟬剩只三聲。露重流螢濕，風翻宿鳥驚。明河望不極，寒意怯桃笙。

自傷

用古韻

蕭條數緣屋，託根野水湄。出門臨大野，曠莽愁雲飛。十年經喪亂，骨肉秋風衰。前堂我父愁，後堂我母悲。中夜天寥闊，四望層陰來。木葉下高枝，西北雁聲哀。稚子當懷抱，哭母夜闌時。家有十載嫗，一旦入泉臺。空房闃無人，半為鬼所窺。徘徊起長歎，秋蟲泣莓苔。

中秋夜雨二首

團圞空憶月明時，總對清流亦足悲。明月不來看又雨，人間天上盡相思。
慘慘愁雲月不生，蕭蕭木落草蟲鳴。孤燈自照千行淚，和雨和風滴到明。

登李家莊元帝閣贈巍然和尚

古道垂楊已十圍，岸邊高閣對斜暉。秋來瀑水朝金闕，靜夜山雲拂衲衣。萬壑鍾音時杳杳，一庭香露自霏霏。野僧別有安禪地，常對溪光坐翠微。

贈陽丘主人

黌堂西望鬱嵯峨，百里春陰雨後多。雲抱郎山銜落日，城臨繡水映清波。何妨大隱居城市，自得長生足嘯歌。廡下定交千古絕，衡門不厭客常過。

贈別陽丘李氏兄弟

兄弟皆無敵，璚林幾樹看。乾坤留數子，風雅定宗壇。驛柳遲征斾，春雲護曉寒。遙知別後夢，暮雨向更闌。

獨客逢寒食，春城樂事繁。暝花低照水，野竹半藏垣。不倦東山屐，重開北海樽。故園應更好，誰為啟蓬門。

燈火驕元夜，清明今又過。春光猶若此，別後復如何。雲下郎山靜，花臨繡水多。東歸長白道，離恨積銀螺。

贈王予徵

少年駘宕自春風，轉眼豪華殘醉中。畫得滄州人不識，夜來獨唱大江東。

除夜

忍將濁酒對殘燈，為惜年華不暫憑。霜角乍聞如野哭，鐵衾愁臥似冰凌。團圞漫下昔時淚，寥廓空摧此夜膺。欲候春來惟兩鬢，明朝一任雪毫增。

年年除夕為傷神，此夜迢迢只病身。未老乾坤悲故我，如波歲月逐征人。寒風著意侵虛幌，殘雪空留待曉春。臘意何能邀再住，獨澆濁酒自逡巡。

春日　以下癸卯稿

惆悵春風事可哀，舊時簾幕掩塵埃。幽窗盡日無人到，多恐梅花不忍開。

梅花盛開有感

寒食梅花大紛放，主人對此增惆悵。前楹細雨濕春雲，幽谷婉轉涵清曠。懸雪雕冰面面生，碧須綠萼精神上。此花種奇來更奇，當年衡國舊花師。偷剪宮梅向人賣，猶帶傾城傾國姿。梁鄒總憲張公子，舉盆贈我索題詩。蹉跎於今四五載，幾枝凌競翻增態。忽發瓊英片片香，珍珠迸散雪光碎。骨傲神寒天趣真，冷翠空香羞粉黛。花本無心喚客愁，暗思往事徒啾啾。二十年中變朝市，王宮臺榭成荒丘。花魂無主歸何處，傷心不見望春樓。茅簷晝永悲蕭索，何似當時映珠箔。花落花開舊復新，人歌人哭今非昨。白頭宮監說開元，青冢明妃怨沙漠。從此梅花據草亭，一尊傾倒玉雕玲。夢回應照羅浮月，愁裏休吹玉笛

聽。淡香疏影忘言處，長伴孤山處士星。

病中

十分春色病如斯，手拄寒頤困自支。欲向南國問消息，伶仃忍與任風吹。

五日

今朝全不似端陽，密樹風翻暗古牆。更有何人遺艾虎，漫同逐客引蒲觴。須知薄命絲難續，總為離憂鬢已霜。佳節自憐情黯黯，幾思投賦託瀟湘。

亡荊忌日作

今朝與汝一年別，為鬼為人兩不知。無夢肯來成暫語，傷心瞥去已週期。遺兒三歲迎墳拜，潦水千層繞岸悲。回首幾年銷病骨，泉臺翻幸得如斯。

明湖

湖南湖北水朝天，何處扁舟唱採蓮。香遠路深人不見，嵯華橋上望晴煙。

登束館故城有感

束晳讀書處，一名煙市。

獨上荒城振客衣，蕭蕭蘆荻朔風微。東連莘野看雲樹，西望銅臺有落暉。百代名高書澤遠，數篇詩廢古音希。浮雲矯首愁天末，霜逼寒空一雁飛。

昔賢避地此中開，獨客登臨亦壯哉。窈窕千林餘晚照，蒼茫平楚盡蒿萊。空留廟貌題煙市，誰向征途弔古臺。蕭蕭寒風搔短髮，詩思應寄白雲隈。

煙市聞鐘

客來向晚息征塵，乍聽孤鐘出廢闉。往代消沉摧雉堞，長途昏曉辨梟人。似因風定聞聲遠，轉覺霜清入夢真。此去金堤更回首，遙遙煙市獨傷神。

贈齊革之先生時令南樂

人生重交遊，意氣如浮煙。然諾託平生，中心或不然。以茲天下士，裹足王公前。客來自南樂，娓娓使君賢。君有高世心，不與俗周旋。聞君治南樂，四野紛鳴弦。訟庭棲雙鶴，焚香手一編。或過元道州，豈遜黃穎川。我來升茲堂，瑤草映几筵。夙昔文字好，悠悠已十年。攜手一以笑，浩歌落飛泉。願以餐流霞，長年伴偓佺。

謁倉帝陵

空山鳥跡草茂茂，匹馬西來謁帝宮。自有奇文驚鬼夜，至今遺廟壓天雄。黃河沙照明千里，岱岳雲開接二東。萬古斯文尊此地，危樓佇望起悲風。

天雄舊城懷古

當年鎖鑰爵崔嵬，河北風煙晚照開。漠漠漳流通狄廟，荒荒白日下銅臺。留京殿闕魚龍沒，〔註2〕故國旌旗草木堆。欲向高原尋舊跡，雄關無復寇公才。

東昌道中

客心逼歲暮，歸路武陽東。野曠蘆花白，霜干木葉空。荒臺無燧火，古道有悲風。舊恨兼新別，勞人殘夢中。

題趙雪江畫為周櫟園司農先生

綠染修眉曉鏡中，年年花柳照春城。夜來枕上看圖畫，夢到江南江上行。

除夕

枯冬寒夢逼空帷，卻愛今宵玉漏遲。數卷殘書圍故我，一時愁緒寄阿誰。浮名未必邀親喜，遠別翻多重子悲。北望金臺春漠漠，可能攀得上林枝。〔註3〕

元旦　以下甲辰稿

此際春應入，爐煙細細分。和風吹自好，佳氣靜如聞。對酒看微篆，挑燈憶舊文。高堂介雙壽，游子意更殷。

平陵道中雪望

積雪空明界，微煙淡有村。雞鳴平野渡，樹老古城門。不辨青山色，應消赤日痕。長途驚曉夢，愁聽馬蹄翻。

都門贈孫啟苞

飛雪依違滿禁城，御河官柳帶春生。逢人燕市仍呼酒，避世金門欲變名。二月鶯花愁遠塞，八年霜鬢見交情。與君攜手長安道，未話昔時淚已傾。

〔註2〕城為水廢。
〔註3〕時擬開歲即上公車。

薊門春晝自漫漫，對酒逢君不忍歡。別後離思成九曲，愁來風雪過三韓。重裘漫滴征人淚，短髮還衝壯士冠。卻憶邊城勞望遠，金微鼓角聽更闌。

送家兄信我先歸

長安同作客，兄弟倍覺親。豈意聯床夢，先翻去路塵。柳絲明澱海，花雨漲鉤津。好慰門庭望，皇都處處春。

偶成

浮名不自惜，何事促征輪。塞雪三春路，天風一夜塵。詩成多感遇，夢覺重懷人。只恐南溪柳，飛花滿舊春。

青州道中

雨餘新夏引微涼，攬轡登臨俯大荒。雲度山腰空翠滴，水交石齒落紅香。茫茫草沒牛山麓，杳杳霞樓古佛場。表海雄風猶未歇，徒留霸業付斜陽。

登雲門山

嵒嵲石磴出雲巔，十二河山倚檻前。絕壁望來餘晚照，平蕪眺盡有寒煙。花林下列千村錦，〔註4〕古洞中間一線天。我欲臨風被薜荔，待過涼雨聽飛泉。

雲門山觀喬司馬篆書三大字　有序

抵青之夜，夢人持一錄見示，上有名喬字者。余曰：「此大司馬白岩先生也。」及寤，登雲門山，見先生篆書三大字在石上矣。瞻拜驚異，乃紀以詩。

先生名字傳聞久，客舍狂夫入夢奇。忽踏白雲穿石洞，卻瞻玉箸留豐碑。力道屹屹芙蓉削，秀拔翩翩龍鳳姿。為憶騎□人醉後，千年重與一題詩。〔註5〕

陳希夷洞

一從高臥白雲端，石洞泠泠徹骨寒。願與先生同抵足，不須重問大還丹。

周櫟園先生席上贈桐城方與三

昨朝攜客登雲門，下望城邑紛寥廓。欲探仙窟不可入，懷人天末風蕭索。廣固城南春草深，十二河山悲寂寞。入城卻登夫子堂，逢君真氣相噴薄。攬衣

〔註4〕山下即花村疃，為青州八景之一。
〔註5〕青蓮降乩，為公作壽歌長篇，甚奇。

共坐發清商，漏盡終宵無算爵。自讀君詩十載餘，一朝相見歡如昨。披誦新文百感興，離憂騷屑簷花落。憶昔桐城盛海內，玉映金閨鬥綽約。家有賜書趨鯉庭，世掌絲綸歸鳳閣。自是雄文鬼夜驚，青蠅乍點然疑作。愁來出塞沒黃雲，歸後談詩勝白雪。幾載悲忱馬角生，千秋聚散龍沙幕。劇談皎月平虛櫺，中筵起舞摻撾咢。潦倒胸中五嶽橫，憑陵大叫意磅礡。坐客慘聽思不禁，酒人相對恣歡謔。迢迢良夜玉繩低，倒瀉金罍如赴壑。蜀桐吳石會有時，意氣干雲任揮霍。文子之飲今所無，況逢宗匠憑斤削。最憐人散月西歸，遙望千峰照城郭。

寄贈許爾諮白雪同社

來鶴亭邊秋水深，與君攜手共登臨。青山嘯詠存風雅，白雪文章自古今。感遇每憐雙鬢改，懷人空賦四愁吟。得交小阮稱同輩，日望除書寄好音。〔註6〕

四月二十三日紀異

天心不嗜殺，四月竟飛霜。隴麥千村白，桑枝一樹黃。嚴威乘夏令，蕭索近秋光。調燮非吾事，空餘淚幾行。

和秦淮難女四詩同餘姚朱緯章賦

滾滾征塵撲面催，馬蹄千里陣雲開。可憐紅粉傾南國，又惹黃沙向北來。六朝空樹半藏鴉，慘淡紅顏感歲華。不見石頭城下水，夜深嗚咽和鳴笳。臨春結綺化寒煙，無復鴛鴦照水眠。回首金陵歌舞地，黃雲漠漠正連天。長途還憶合歡初，有夢應難返舊廬。題罷新詩魂斷絕，黃金何處覓文姝。

五日宿明水鎮遊百脈泉六首　有序

百脈泉在陽丘城東南三十里，余往來濟上，道必經此。記乙酉春，同友人遊寺中時，干戈甫靜，景物蕭條，旅況悽涼，田疇未墾。及入寺門，春波漾綠，新柳增妍，顧而樂之。再十年，同蘇若佩重遊，則佛宇傾圮，石甃陷泥淖中矣。時正季秋，霜淨波明，一池如鏡，讀壁間李太常先生詩，步其韻得二首。及今不覺又復十年，端陽自祝阿還，日晡憩此，則廟貌重新者四年矣。宏廠雖復舊觀，而垂楊輒已老醜，石闌漸就剝落，憑弔疇昔，意悄悒不能自持。出憑石上，臥聽流泉，遠望長白諸峰，湛湛浮水面，爽氣逼人。因念客況無聊，佳節猶旅食也。聽隔垣竹樹中，儔坐浮白，為歡此日。而余潦倒支離，正不減三閭大夫

〔註6〕時許謁選都門。

憔顇江潭，豈不悲哉？因隨筆識之如左。

溪光浩淼暗泉通，廿載重來謁梵宮。古柳垂煙明晚照，平池漾碧瀉殘紅。伏從濟瀆雲根濕，香散佛龕月印空。客緒茫茫還令節，一時幽意許誰同。

莎岸青青接寺門，石床高下沒苔痕。名泉初地今猶在，勝事重來半不存。別圃薰風搖綠玉，荒臺新月照黃昏。坐余自覺塵思滌，忍聽孤鐘一斷魂。

陽丘選勝此無雙，窈窕林泉接繡江。隔院篠煙青杳杳，空階石礴水淙淙。有時樹影交禪榻，無那山容入夜窗。多少題詩寄清興，天風幼眇起雲幢。

高閣憑虛對落暉，佛燈深殿閉霏微。空林杏靄泉聲細，水檻招搖燕子飛。萬顆明珠穿地軸，六時花雨散天衣。年年勝日悲搖落，欲把長竿守釣磯。

纔過山雨麥初黃，波漲畦田露稻秧。是處鷲峰留盛跡，何年龍窟駕飛梁。深林五月雲衣濕，遠岫千層水面涼。欲賦靈均人不見，離騷讀罷詠滄浪。

勝地尋來興渺茫，驚心客裏又重陽。池邊艾葉窺絲鬢，野外薰風度薄裳。靜夜鮫人珠淚冷，曉天神女舞衣涼。莓苔滿徑無人到，明月空留薜荔房。

寄贈葛謙齋當塗令

西風湖上送君還，仙令今稱第一班。雅有新詩題白紵，多因舊跡訪青山。三秋桂子生金屋，〔註7〕幾樹梅花對玉顏。勾漏丹砂知在否，寒煙遙接五雲間。〔註8〕

夏夜為友人作

夏夜雨初涼，暝花香近床。夢隨雲葉度，歡看玉河長。罷茗添新篆，偎人理舊妝。連朝苔徑合，相對惜清光。

又絕句

絲絲涼雨過迴廊，夢引微風入藥房。解道人如雙燕子，肯教獨自守雕梁。

秋曉有懷

微雲連曙色，憺蕩早秋天。樹影交簷外，雞聲落枕邊。玉關鄉夢斷，金井露珠圓。搖落人空老，明湖憶舊年。

〔註7〕葛未有子，聞其將置妾，故云。
〔註8〕當塗有陶弘景宅，丹竈寒煙，為景中之盛。

閏六月七夕戲作

屈指金風入柳條，爭知暑令未全消。黃楊運厄愁今歲，青鳥緣空負此宵。珍重蛛絲虛就果，丁寧鵲駕未成橋。微茫珠露涓涓滴，倍覺銀梭一夜遙。

七夕

夜殘涼風發，雙星出林樾。當軒坐清露，遙望如銀闕。靜極意若存，爽氣生毛髮。何年好事人，荒唐烏鵲筏。乞巧或曝衣，紛紜不可詰。愚夫繁跪拜，兒女瓜盤崒。吁嗟千載人，得失誰能越。我生儃無營，悠悠恃拙訥。不乞亦不辭，坦懷忘歲月。好節付流螢，笑指天河沒。危欄倚長嘯，恍惚有仙骨。

七月十五日

蚤秋涼露更銷魂，此夕人天豈易論。本學農家葵棗饙，聊參佛法盂蘭盆。到窗明月聞蛩語，遠寺孤鍾度酒樽。獨坐空庭渾是客，夜深老樹掩柴門。

上張受庵夫子出守東萊

除書朝拜領專城，北斗遙看掛玉京。自有朱幡擁五馬，應知白鹿夾雙旌。郡重股肱新帝簡，經傳齊魯舊諸生。蒲輪渤海尋常事，帶草於今更幾莖。

過灰埠驛次施愚山先生韻

沙落隨風轉，秋蟬靜夕亭。雨連村盡黑，山近海偏青。古木悲殘照，秋光點鬢星。可能留一憩，歸夢不為醒。

草深苔滑驛亭幽，暫解征衣晚欲留。落日寒蟬同作客，高軒老樹自悲秋。雲來灰埠煙初起，雨過沙汀水不流。祗此空庭興廢地，茫茫閱盡古今愁。

萊城野望

此地更蕭疏，林煙淡有無。佛鐘知夜淺，山月向人孤。近海魚腥雜，浸城水徑紆。秋原一獨眺，草樹接平蕪。

觀海次毛文簡公韻

灝氣涵虛天地同，鑿開萬古浴鴻蒙。遙看作岸雲光碧，乍對穿波日影紅。浪蹴蛟龍時上下，機忘鷗鷺任西東。移情慾訪成連去，何事塵勞此域中。

過伯夷待清處

紆曲磐石磴，秋空自蕭索。平原多秋風，耕夫各阡陌。崒崔薄秋霄，棱層孤山碧。云是墨邰君，此中曾遁跡。天倫苟可全，棄國如脫屣。高蹈來海隅，清風何奕奕。山寒草木枯，下視塵中客。待清避商紂，就養歸西伯。去住一不滓，翱翔非有擇。扣馬見夙心，忠義徹金石。至今遺廟崇，白雲自朝夕。

禹城郊望

落日荒城接寒陰，朔風撩客倦登臨。秋生瀠水浮雲滿，路入平原蔓草深。幾處征人驅暮馬，誰家少婦急寒砧。岸邊叢菊今何似，搔首重來悵獨尋。

夜雨

微雨當秋夜，空床客思驚。枕前方墮淚，窗外幾時明。城柝因風急，寒砧入夢清。自知秋漸老，處處故園情。

懷朱及先入濟南

余方為客祝阿道，君更蕭蕭向瀅源。此去征雲看度雁，夜來涼雨落孤樽。嶒華橋上蘆煙寂，月老祠前柳浪翻。幾日東歸能暫住，明湖秋色許重論。〔註 9〕

秋夜夢孫五粒先生時遣盛京賜環

秋風漂蕩祝阿城，夢裏逢君客思驚。幾載孤臣遼海淚，三更游子故鄉情。穹廬望斷寒雲色，塞雁愁聞夜雨聲。魂去楓林悲落寞，關山豹虎正縱橫。

忽夢君從此地過，依然當日老維摩。〔註 10〕相逢還憶楊枝舞，覺後空悲出塞歌。寒雨一鐙新涕淚，秋風萬里古山河。歸來五柏青如舊，莫向樽前喚奈何。〔註 11〕

紫蕭為朱禹宗賦

紫玉林中按譜裁，碧桃花下佐深杯。一聲幽籟穿雲入，真見秦樓引鳳來。

九日禹城署中作

荒原木落正高秋，佳節何堪賦遠遊。籬外黃花羞短鬢，樽前白雁失清謳。

〔註 9〕月老故跡在禹城，有祠。
〔註 10〕夢公僧帽儒服觀劇。
〔註 11〕公家讀書庵以五柏名。

寒沙射日嘶征馬，殘照傷心暗戍樓。總把茱萸不成醉，異鄉歸思夢刀頭。

別許恕庵

獨客懷人經九月，逢君異地轉相親。半床寒雨孤衾薄，十日青樽好句新。香借菊花秋色老，夢隨雲葉雁聲頻。誰知一別城南路，野闊風酸促去輪。

遠眺孤城夕，惟君意可通。哀猿聽暮雨，匹馬去秋風。別惜重陽後，人悲客路中。莫忘長白道，霜葉正交紅。

留別朱子遇禹宗君胤邵淑聖諸子

友朋聚處全忘客，漸盡秋光賦式微。乍見菊花驚歲晚，還思明月舊時非。〔註12〕故鄉因夢來長夜，別淚成絲上旅衣。若過濟南重回首，寒雲無際掩斜暉。

藥圃遲許恕庵不至

沙溪秋水淨，晚眺獨傷神。黃菊無知己，疏鬆久待人。岸凋霜後葉，愁集病中身。何計邀元度，芳蘭得共紉。

靈壁石臺成為孫道宣作二首

翠色虛堂佛座來，對君三徑足徘徊。全收海氣成螺化，乍吐晴煙倚鏡臺。韻勝臨風歌白雪，骨寒長日臥蒼苔。桐陰泠泠敲如玉，清響知從逸思開。

奇石為君自遠來，堂前嘉樹佐徘徊。蒼涼古水涵靈氣，窈窕微雲照晚臺。靜掩柴門增傲骨，閒施細雨結寒苔。比年高外耽幽事，平取峰巒榻上開。

濟上送周櫟園先生入□覲

金輿曉色護行旌，千里寒煙繞禁城。聖主久煩天下計，老臣新奏泰階平。西山雪後開春仗，北闕雲中識聖情。此際若承前席問，艱難為代說蒼生。

題周司農先生畫冊三首

葉榮木

草閣無人望夕曛，高岩古壑盡苔絞。不知籬外何年樹，自在空山老白雲。

盛伯含

科頭長日對空林，門外蒼苔滿徑深。風雨夜來吹客夢，匡床抱膝聽龍吟。

〔註12〕予以中秋至禹，過九日始還。

邵僧彌

絕壑倚高岩，松風散如雨。攤書對白雲，泉聲落何處。

臘盡風雪晚霽得二首

微雪窺簾向夜清，曉風驟發復縱橫。數行歸雁遙天絕，幾樹寒柯亂壑撐。
入手餘杯空歲暮，傍擔花萼自含情。蕭條庭畔層冰結，能得春光此際生。

獨掩虛堂聽朔風，蕭蕭萬木泣征鴻。微陰盡落溪雲外，薄雪新晴返照中。
多病只愁雙鬢白，余尊且酌半爐紅。梅花勝有寒芳在，潦倒休教感歲終。

餘數年來，除夕率皆有詩。終歲攘攘，此夕閉日回觀，一自參想，為悲為
喜，各有妙處，未可言傳，故嬉怒皆可存，而純疵不必刪也。既歲幸有室家，
而悲悶似不堪語，獨念兩大人雙壽古稀，弄孫為樂，是可喜也，乃識之以詩。

年往誠可惜，迢迢又除夜。嗟予失志人，對尊不可瀉。弱齡交海內，浮名為
世吒。天榮人自擯，妄得文章價。轉側恐懼深，筆墨為變化。謙謙遵聖訓，骨傲
心愈下。回首終歲間，憶自春官罷。問字雲門山，負笈祝阿捨。觀海得奇情，長
白憩深夏。及予秋風涼，潦倒客中罜。不逢醉尉嗔，寧聞灌夫罵。孟冬正佳期，
再飾親迎駕。鬚眉一可羞，對鏡無良暇。貧者士之常，嚅呢何能假。笑傲得天真，
班衣娛亭榭。有兒才四歲，拜向高堂迓。雙介古稀年，弄孫負朝罇。此歲得如斯，
素心或不差。更深爆竹靜，忍對燈花謝。古研守空齋，寒光數星射。

題葉欣畫　以下己巳稿

公年八十耽繪事，幽窗紗紗對石屏。老眼飽看煙霞色，奇懷遠寄長林青。
最喜寥廓空色相，卻愁筆墨太精靈。此中殊有桃源在，活活流泉正可聽。

紅橋旅夢詩五首為山陰呂黍字賦

春風駘宕蒜山雲，夢裏幽香得似君。潮落寒江愁獨夜，屋樑空見月紛紛。
邗溝明月古紅橋，隋苑流風尚可招。此地果然堪入夢，黃粱難解是情苗。
夜涼憔悴竹西亭，驛柳垂絲入鬢青。江上數峰人不見，愁看樓角沒春星。
夾道蘼蕪春又生，爐煙長日冷楸枰。夜來幾點空階雨，仿髴窗前落子聲。
檀板金尊夜未闌，高樓一曲洞簫寒。情知無賴揚州月，博得芳容入夢看。

送蘇若佩之寧遠兼訊呂黍字惠詩

春風千里路漫漫，二月鶯花兩處看。到日趨庭憑寄語，征車蚤晚下長安。

青青驛柳覆長堤，折贈行人向隴西。莫似楊花無定泊，可憐黃鳥上枝啼。為問山陰呂黍字，那聞沛水袁松籬。寄來窈窕清明曲，絕勝黃河遠上詩。

上朱虞祥夫子遷戶部郎

三年報政守循良，新拜除書粉署香。聖主重煩鹽鐵論，老臣先領度支章。北辰夜迴連奎宿，南極星輝引曙光。環映喬松多秀色，及時桃李正芬芳。

送王履吉節推順慶新任

春風吹雪照行旌，遙指巴西萬里程。樹色空隨雲棧遠，桐花應傍錦江生。吏因學術存風雅，人籍山川符大名。不必雄文傳諭蜀，年來益部盡銷兵。

送君南浦柳含煙，征斾遙臨景物妍。雪盡黃河天上落，雲開華嶽鏡中懸。訟庭晝永馴雙鶴，官舍香生撫五弦。若向琴臺尋舊跡，好留詞賦重山川。

謝李燕思惠柏栽

道人種柏幾千株，翠色束園照長白。曉雲欲滴畦頭青，春雨平遮沙岸黑。有時展齒印蓬門，靄靄依人映苔石。乞得餘清伴白楊，幾株栽向村南陌。我時為客去長安，烈日柔枝任枯瘠。歸來歎息黃壚傍，坐對溪雲少光澤。君聞此意重相憐，再贈數株不待索。為感殷勤手自栽，沃以清泉壅埴赤。連朝生意漸相親，旋從舊綠抽新碧。物理精微有如斯，生生死死情堪繹。二三憔悴豈無因，膚腠經霜原格格。若待明春重補移，君當許我高數尺。他年風雨會陰森，就此堪營萬古宅。誰能解誦杜陵詩，樹木猶為人愛惜。

覓芙蓉栽

春去方無計，預圖秋意看。誰能擎曉露，不怯夜來寒。微暈臨風軟，輕紅帶月闌。數枝從乞得，木落且為歡。

覓菊栽

幾年書愰集佳英，玉斝風前細細傾。今日茅齋重植此，好將秋色寄離情。

和孫道宣緒園六首

曳杖尋佳勝，名園近水隈。溪流當徑合，雲影過山開。此日憑吟眺，何年闢草萊。暫遊邀夢住，時向月中回。

夾岸垂深柳，柔條日漸長。人皆縈別思，我亦愛清光。明月愁羌笛，春陰

護女牆。君家兄弟好，新句在池塘。

西山微雨後，杏靄入空林。不盡蕭疏意，能生出世心。岸高疑列嶂，泉響似鳴琴。清聽當良夜，誰能惜露沉。

弱柳垂新碧，敷陰接岸橫。石蹲野水伏，樹老暮煙平。渭曲空留賦，靈和欲借名。風流正追賞，鶯語憶初成。

郭外臨溪水，清幽媚作園。寒梢浮積翠，石罅瀉潺湲。涼月貯新酌，山雲過短垣。到來多逸興，長嘯足忘言。

孝水縈山麓，中藏處士家。橋邊增柳色，谷口滿桃花。物外有真意，樽前感歲華。忘機看野鳥，斜日立平沙。

贈張幼量先生

離憂幾載黃山道，秋雨重來坐草亭。多難對看雙鬢白，晚涼獨眺亂峰青。半窗蕉葉愁中老，滿坐松風雨後聽。莫憶昔遊不成醉，沙溪依舊水泠泠。

一庭松竹待君還，飛送餘青是舊山。過眼煙雲收妙語，盪胸醞釀慰愁顏。秋風掃石安棋局，夜雨留人入夢闌。池上經行異時路，坐看鳥跡破苔斑。

題樊會公畫

野風蘆荻秋，斜日孤城下。煙水何茫茫，離憂從此瀉。波浪去無邊，帆影遙空卸。何處問歸人，雲光自相射。

空庭留夕照，木葉脫寒風。此際憑誰語，煙波一望中。

月夜行風山澗中

山深明月多，浩蕩天無際。層巒出紆途，杳冥更奇麗。疲馬當夜臨，心魂自悚厲。俯窺肆無景，遠村雞犬閉。怳惚海水闊，萬丈開霜霽。雜樹自撐仗，如荇復如薺。投身下竦岸，骨寒毛髮細。無乃水晶宮，暫與蛟龍憩。

賦得流風漸不親　　鮑照句

天曠物多變，孤雲自退舉。披衣臨前檻，密夜已忘暑。攤書坐清晝，靜言念儔侶。微寒在北牖，蕭條難與語。常恐階下榮，憔悴感時序。徘徊顧庭砌，悽神寄遠渚。

籠水道中憶似懶園作

過雨天增曠，孤城望夕陰。濕雲歸別岫，返照出空林。多為名花約，徒勞

去客心。西園飛蓋後，還欲愜幽尋。

登樓

節近重陽菊漸開，秋客野圃足徘徊。孤城落日煙初暝，獨客登樓雁正來。漠漠寒雲飛大麓，亭亭古樹倚荒臺。愁餘尚憶昔年約，細雨移花佐酒杯。

九日過似懶園值孫禹年先生會飲平渡溝

客路逢佳節，悲秋兩地看。山雲將送雨，渚柳欲生寒。遠意遲今約，離情惜古歡。懷君歸徑好，野菊上危冠。

是日至籠水宿孫玉協齋中

百里行將盡，登高且未能。黃花閒客路，村酒惜孤燈。城角秋陰薄，空階露氣升。茱萸何處問，霜雁鎮相仍。

秋盡

霜風徙倚正深秋，蕭瑟平原憶舊遊。萬里寒雲天欲雨，數行歸雁客登樓。西山落木紅應盡，南浦懷人綠已收。惟有餘花勞望遠，荒煙斷處接林鄰。

李徵君八十壽言　有跋

長白吐朝霞，淡蕩黃山阿。〔註13〕聞中有隱士，怡年養天和。秋風自蕭瑟，達人恒嘯歌。曳杖□層岩，石磴生青蘿。髮髯古仙人，白巍歸雲窩。豈不念浮榮，所慮失者多。眷言塵中客，生理日婆娑。徒傷太古醇，反為俗禮苛。以此自愉悅，揮弦對嵯峨。幽暉滴空翠，嘉樹映清波。況茲重陽節，紅葉點青螺。素心共晨夕，菊花照顏酡。不衰真地仙，此語良非訛。

舊事仙人白兔翁，掉頭歸去，又乘風。此韓翃，送齊山人歸長白詩也，而齊山人不傳。非不傳也，真山人，故不欲傳耳。而傳齊山人者，乃在韓公一詩，詩傳則山人傳矣。余曰：不然。古今酬唱，塵紛霧積，而此詩獨傳，傳以山人，以山人歸長白之故。何以知之？知之以祉，延先生之壽，而素中友生諸君子之賡詩以贈也。諸君子豈無所用其心哉？而獨於一山阿隱士，倦倦不窅，口出則知歸長白者，豈易云然乎？先生之得信於諸君子，與諸君子之亟稱於先生，非

〔註13〕李君邨名黃山前。

偶然也。先生傳矣，諸君子之詩亦傳矣。先生家長白東麓，又焉知事白兔公者，非即先生也耶？

臘月十九日同蘇銘三家天倪憩李家莊僧舍

勞勞終歲夢魂驚，乍啟禪關百慮平。花散諸天非有相，塵消淨地本無生。袈裟座上余香冷，楊柳灣中落日明。驅馬共君從此別，可憐回首歲將更。

除夕

草堂獨坐倦挑燈，暗裏年華轉玉繩。風勁當軒鳴老樹，星垂深夜照虛棱。椒花並獻猶能賦，竹葉多愁不易勝。今夕歲徂無博塞，明朝暮景看飛騰。〔註14〕

新正五日試筆　以下丙午稿

元日風和景物媚，連朝號怒起狂飆。枯枝撼地蟄龍動，寒意侵人凍鵲驕。不惜客窗梅放蕊，卻愁官路柳垂條。一樽且自擁爐座，誰向南村看麥苗。

人日

喜逢人日見晴光，誰遣風威太作狂。一任庭柯喧晝夜，漫憐堤柳試冰霜。鏡中白髮增新歲，盤裏青絲引舊觴。簷底負暄愁未得，幾時春色過鄰牆。

紀遊詩　此以下未寫

再遊采江飲謫仙樓三首

一棹重來俯逝川，意中雲樹倍增妍。江山位置既如此，詩酒登臨何不然。高詠未逢袁彥伯，揮杯且對李青蓮。月明更望西江夜，惟見雞籠生遠煙。

江上月初明，水光涵太清。樓臺當鏡出，波浪接雲平。到此悔塵世，重遊寄遠情。松風涼桃簟，夜起聽潮聲。

輕舠牛渚下，峭壁露晨光。鳥過天無際，雲來水自涼。古松撐怪石，深洞閉幽香。便欲乘槎去，銀河溯杳茫。

登萬壽寺昆盧閣

我來作客二千里外之江東，山川一一曠遠而豪雄。青峰突兀臨几案，姑溪晝夜浩浩浸長空。有時憑高騁極望，豁我萬里之雙瞳。幾日霪霖閉城市，離憂

〔註14〕杜詩云：「四十明朝過，飛騰暮景斜。」予年適如之矣。

勃勃欝方中。蚤起旭日照池水，快然攜友並轡驅青驄。見說唐朝化城寺，青蓮舊遊題字飛流虹。祇今傑閣更誰造，佛燈慧日破群蒙。攬衣直上高百尺，千岩萬壑奔走伏簾攏。古松夭矯手摩頂，下視江光一線流淙淙。孤雲背郭更南去，俯首平看意自忡。何當乘此凌風起，一聲長嘯天與通。下見江山月如水，翩然兩神搖清風。不必天台更尋舊時路，洞門惆悵桃花江。

題畫扇

真見梅花紙上生，更有翠羽啾啾鳴。喚起香魂自撩亂，寒梢映雪肌膚清。納君懷袖涼風發，花鳥依人生幽樾。夢回卻憶參初橫，何時更醉羅浮月。

茉莉

幽香婉轉夜冥冥，散入詩魂夢亦馨。疑是摩訶池上月，冰肌玉骨立空庭。

為友人題壽星圖

鶴顏鮐背骨嶙峋，南極長庚說未真。莫向圖中詢姓字，如君端可是前身。

五月念七日家大人壽辰感詠

白雲北望隔江關，游子經時恨不還。已闕樽前稱介壽，誰從膝下舞斑斕。四方餬口原非計，千里驚心自惘然。再拜天涯空灑淚，童孫何計慰愁顏。

夜聽友人絃索

久客思歸，雨歇雲飛。之子夜彈，我心則悲。弦急調高，江風怒濤。霜空白鶴，四海獨翺。促柱微吟，細雨幽林。鳴蜩乍起，倦鳥歸岑。嗚咽纏綿，指下流泉。尋聲則通，入想已鉉。仰視明星，落落空庭。池邊修竹，衣上流螢。千里征人，自夏徂春。風波斗酒，天涯比鄰。浩浩江流，曾不瀉憂。春秋代謝，乾坤自浮。誰挽銀河，盪滌煩痾。高天明月，空山暔歌。

贈別葛謙齋四首

姑江六十日，相對惜清歌。好月樽中得，名花雨後看。每當幽興極，似覺客愁寬。淚為思歸盡，逢君不忍彈。

已作乘軒貴，猶存閉戶心。文章看白雪，意氣失黃金。重地臨桓郡，高風對謝岑。水亭無俗事，修竹散清陰。

朝朝江上雨，雲氣濕空庭。客況渾無賴，鄉音未可聽。暝花開破蕊，棲鳥倦修翎。何日歸舟望，斜陽遠岫青。

握手情難盡，言歸思已繁。旅愁增夜雨，歉歲憶荒園。良會人千里，天涯酒一樽。蒲輪經北去，莫惜過柴門。

江上別葛謙齋

驪歌一曲立江頭，欲掛征帆復暫留。久客歸心憐去水，多情好友望行舟。垂楊影外千條碧，亂葦聲中兩岸秋。今夜月明人散後，不知誰上庾公樓。

江行

江上雲開彩鷁追，群峰夾岸賦將離。望夫山下征人淚，慈姥磯前蕩子悲。高葉蟬聲頻入枕，驚濤帆影半侵湄。一朝客況憑誰語，遙指南天寄所思。

泊舟慈姥磯用壁間韻

歸帆小立水雲賒，遙指磯邊石徑斜。數千里外常為客，十二時中半憶家。古木荒陰泊晚棹，空山佛火照平沙。故園回首春風別，野菊愁看又作花。

登燕子磯

孤峰傑立俯江濆，獨客憑高對夕曛。萬里波光浮日月，六朝文物化煙雲。潮平遠接蘆花碧，風靜微看木葉分。徙倚石闌吟眺處，不堪回首恨離群。

紀遊詩止

送周櫟園先生之江寧

數載雲門下，屢升君子堂。論文題白雪，建節肅青霜。敢負千秋託，能忘一瓣香。秣陵南望處，心與片帆長。

十二山河舊，東郊雨露偏。一時崇大雅，四野被鳴弦。不作今人句，還參古佛禪。幾時隨杖屨，花雨賦江天。

贈李其旋

李氏多仙才，往往天廟器。紫氣啟崤函，菁華不可閟。巨山掌絲綸，休明恣鼓吹。長源天人姿，青蓮更雄肆。累世盛勳名，隴西文武寄。明季推詞人，

滄溟及北地。世代挺人豪，矯若霜鶚翅。佳氣產岱左，長白孕空翠。峨峨老尚書，名山表靈異。七十侍萱堂，繡斄屬阿季。子弟盡英材，冠蓋連車駟。我昔交小阮，英駿如騏驥。阿大及中郎，文章發金匱。語出千人驚，清談眾所避。君年正鬌亂，堂前辨奇字。一訂性命友，寒暑倏五易。繡水春江明，文鋒偶一試。落筆風雨鳴，登壇奪赤幟。君才原浩蕩，絕跡尋常事。六翮奮雲逵，青霄可立致。我時客江東，聞之喜不寐。自憐失志人，同學半高位。君家兄弟好，斯文方未墜。夙昔青燈下，奇文讀把臂。意匠苦經營，書卷有深嗜。此道無近遠，行行有各至。功名在及時，老大徒增喟。予意固惓惓，知君不忍棄。奪摽必先登，勿為世趨媚。裘馬少年場，聲色及貨利。細微一不慎，遂能失素志。君如雲中鶴，翩然表瑩粹。會見凌風起，並為天下瑞。昨夜秋風來，縹緲天香萃。贈君多取攜，狂言固無偽。

濟南贈安靜子

瀟瀟幾日明湖雨，四載重來復見君。北渚秋聲曾入夢，玉函山色憶談文。畫橋無語臨宮水，衰柳多情望夕曛。東去平陵回首處，嵓華空翠滴寒雲。

九日　有序

蘇東坡有云：「人生惟寒食、重九不可虛度。」每念斯言，低徊久之。丙午九日，李蘭厓藥房有入山之約，既不果往。蘇銘三招飲西園，而午前輒雨，獨坐小齋，因檢數年來友朋投贈之詩，大者數卷，小者片縑，久積篋中，未經倫次，乃搜出，得若干種，或彙集，或各訂拮据，至晡時書就，雨亦晴，不復理登高事。焚香靜坐，書帙相親，塵煩未即，不可虛度，此亦一法也。因念蘭厓諸公山中之樂，為賦詩訊之。

遠空淡雲物，郊原弄秋姿。涼風散木末，田疇獲及時。農務半在野，尋覽無所期。今早霜未來，寒氣拂鬢眉。下簾香篆細，綠苔映窗滋。檢點案上書，一一故人詩。千里寄同好，片言表清規。披誦不去手，微雨引涼颸。悵望登高會，出門竟何之。遙憶山中客，攜酒坐清池。滴瀝響修竹，黃花繞碉垂。清磬落空岩，白雲護疏籬。晚晴多爽氣，返照明深戺。拋書步前楹，微吟動深思。雁聲正憭栗，節序含餘悲。千峰寒葉靜，雙鬢秋風吹。行止各有殊，醉醒無不宜。悠然與興會，素心當無歧。

遊萊州神山洞

微雲海風高，朝出神山路。逶迤松徑深，濤聲散如雨。野色淡寒林，岩谷更開布。石磴懸雲端，攀緣若蟻附。峭壁臨平臺，洞門杳煙霧。一一群真像，精神各有具。仰觀浮雲馳，俯聽流泉度。碑摩歲月深，仙靈此中聚。代遠蹤已陳，遙望高原樹。樵聲起危澗，迢迢引前渡。策蹇越山陰，海氣昏朝暮。四望何躊躇，清磬留歸步。

贈十公和尚用高太史韻

十里寒霜覆蔓莎，老僧錫杖渡關河。君能說法聞香笑，我自逢場拍板歌。客路雪深欺鬢白，佛燈夜靜照顏酡。茫茫塵海經行處，好問西歸意若何。

用前韻呈唐濟武太史

水邊石齒印寒莎，策蹇平明渡孝河。雪暗山容增黛色，霜迷野徑失樵歌。望中城闕愁空老，客舍濁醪意欲酡。若解溪聲堪入道，更無緣感奈人何。

和孫介福秋抄夢遊歷下之作

秋氣晚如何，君曾向夢過。山容濯暮雨，雁陣度清歌。雲壑石泉急，離亭木葉多。崟華高映處，幽興寄南柯。

除夕天寧寺小集

鐘聲隔院漏初長，深殿如聞古佛香。客裏年華驚改歲，座中良友自飛觴。雲開帝闕朝新極，風度鈴音出上方。此夜春光來梵宇，會看柳色徧宮牆。